EL HALCONAZO

EL HALCONAZO

La masacre de estudiantes en México de 1971

Eduardo Barraza

HISPANIC INSTITUTE OF SOCIAL ISSUES
MESA, ARIZONA • 2023

SECOND EDITION

El Halconazo
La masacre de estudiantes en México de 1971

Copyright © 2023 Eduardo Barraza

Hispanic Institute of Social Issues
PO Box 50553
Mesa, AZ 85208
(480) 939-9689 | HISI.org

Cover & book interior designed by Yolie Hernandez
yolie@hisi.org

Cover artwork based on photograph by
Armando Lenin Salgado (used with permission)

Library of Congress Control Number: 2023938837

Hardback ISBN 13: ISBN: 978-1-936885-54-1
Paperback ISBN 13: 978-1-936885-52-7
eBook ISBN 13: 978-1-936885-53-4

Printed in the United States of America.

ÍNDICE

Prólogo. vii

Jóvenes contra jóvenes 1

Textos complementarios. 45

Luis Echeverría Álvarez 47

Gustavo Díaz Ordaz 54

Tlatelolco, 1968-2018. 59

Cronología de sucesos sociopolíticos en México 62

PRÓLOGO

LAS TRAGEDIAS SON DIFÍCILES DE OLVIDAR. SE RECUERDAN DURANTE mucho tiempo, especialmente cuando fueron producto de acciones de un gobierno en contra de sus ciudadanos. Cincuenta años es un largo período, no obstante, en el caso de la Masacre de Corpus Christi del 10 de junio de 1971 en México, el recuerdo de este acto de terrorismo de Estado está presente en la memoria de los mexicanos.

Este libro marca medio siglo desde aquella masacre de estudiantes perpetrada por una fuerza élite del gobierno del Distrito Federal (Ciudad de México) para desbaratar –de la manera más violenta– una marcha pacífica organizada por jóvenes universitarios y politécnicos. *El Halconazo*, como los medios de comunicación y el pueblo acuñaron este ataque que dejó heridos, muertos y desaparecidos, fue una acción repulsiva realizada por un grupo de choque creado, entrenado, financiado y desplegado por las autoridades del Departamento del Distrito Federal. *Los Halcones*, como se le llamó a esa fuerza paramilitar, eran jóvenes mexicanos capacitados física y mentalmente para cometer actos de represión en contra de grupos opositores al gobierno. La edad y apariencia de los miembros de esta organización auspiciada por las autoridades los hacía aparecer como un grupo estudiantil más, una artimaña siniestra y maquiavélica del Estado para tratar de confundir a la opinión pública y a la prensa, así como para desvirtuar al movimiento estudiantil.

El presente trabajo periodístico busca agregar una loseta adicional al diverso mosaico que forma la literatura existente sobre este tema, a fin de contribuir un fragmento complementario al conjunto de textos que se han aproximado a este tópico desde diferentes perspectivas. Sin fines académicos o didácticos, el libro aspira a llegar a las masas populares con un lenguaje sencillo y un panorama general sobre este episodio de represión gubernamental contra manifestantes pacíficos, así como presentarlo dentro del contexto de los movimientos estudiantiles de los años sesenta y setenta. Este marco busca promover el entendimiento de las fuerzas sociales, ideológicas y políticas que dieron forma a esa corriente internacional de rebelión y protesta juvenil durante esa era.

No obstante, este libro se fundamenta en una investigación bibliográfica sobre *el Halconazo*, y presenta información bien documentada a partir de fuentes disponibles tanto en español como en inglés. Por tanto, este trabajo no es un conjunto de opiniones personales o conjeturas infundadas, pero tampoco carece de reflexiones propias basadas en datos verídicos y acreditados. Por consiguiente, sin crear un texto elitista y complicado, se incluyen citas sobre las obras y recursos consultados, que invitan a aquel lector que quiera ahondar más sobre el tema a llevarlo al campo personal de su estudio.

El Halconazo es una materia de especial interés personal con base a la experiencia de haber vivido en la Ciudad de México en el tiempo en que ocurrieron tanto la masacre del 10 de junio de 1971 como la del 2 de octubre de 1968. A pesar de haber sucedido en mi infancia, el ambiente social de ambos hechos históricos tuvo una influencia en mí entonces y también durante mi juventud. Periódicos y revistas de la época que publicaban información sobre *el Halconazo* en las fechas cercanas a la masacre y en años posteriores estuvieron a mi alcance gracias a mi tío Rolando Barraza, quien además respondía a mis intrigadas preguntas sobre el tema, explicándome detalles que formaron en mí una base de conocimiento. La influencia de esta educación informal fue determinante y dio, además, los rudimentos para mi posterior interés en los temas sociales. Más tarde, mi incorporación al periodismo como reportero gráfico a principios de la década de 1980 me dio la oportunidad de cubrir marchas, mítines y protestas, así como de fotografiar a políticos y activistas ligados de alguna manera a acontecimientos como las masacres de Tlatelolco y la del Jueves de Corpus. En otras ocasiones vi la brutalidad de los llamados porros golpeando a jóvenes en el Estadio Olímpico Universitario, o tratando de arrebatar mi cámara en la calle mientras viajaban en un camión de transporte público que habían secuestrado.

Naturalmente, parte del contenido de este libro se basa en la experiencia personal directa de haber vivido durante las décadas de 1960, 1970 y parte de la de 1980 en el Distrito Federal, así como recorrido sitios claves donde se desarrolló el movimiento estudiantil. Algunas observaciones se basan en mis experiencias personales, mi trabajo periodístico y mi óptica individual sobre la atmósfera sociopolítica posterior a las masacres estudiantiles, en el ambiente tanto de la Guerra Fría como de la Guerra Sucia, el influjo del comunismo, así como las cotidianas manifestaciones obreras, magisteriales y estudiantiles que vi de cerca y a través de los objetivos de mis cámaras fotográficas.

Es de personal importancia destacar el impacto que me produjo una fotografía tomada durante el ataque del grupo de los *Halcones*, que muestra de manera magistral la esencia de aquella represión violenta. En ella se ven varios elementos de este grupo, destacando uno de ellos, que va corriendo en dirección de los manifestantes sosteniendo con ambas manos una vara de kendo, al tiempo que lanza un grito saturado de furia que quedó congelado para la posteridad. Esta fotografía –la más emblemática sobre *el Halconazo*–, que causó una fuerte impresión en mí al verla publicada en la portada de la revista *Sucesos para todos* después del ataque –y que se usó como inspiración para crear la portada de este libro– fue tomada por Armando Lenin Salgado (1938-2018), un reportero gráfico mexicano con una habilidad innata para captar imágenes de extraordinario contenido periodístico e inmenso valor histórico. Por tanto, la portada de este volumen no solo busca usar la imagen más famosa de este ataque contra estudiantes, sino dar reconocimiento a su autor, quien cayó víctima de la tortura e intimidación del gobierno por su arriesgado trabajo periodístico. Agradezco a la hija de Armando, Selin Salgado, el haberme facilitado una copia de la icónica fotografía y autorizar su uso en este libro.

En adición al tema central, incluyo tres textos cortos como materiales complementarios sobre el papel de los presidentes Luis Echeverría Álvarez y Gustavo Díaz Ordaz en las masacres estudiantiles y un breve comentario sobre el quincuagésimo aniversario en 2018 de la masacre en Tlatelolco, así como una cronología de sucesos históricos en México de 1968 a 1988. Este *apéndice* intenta proveer más contexto que ayude a la comprensión de la masacre de 1971.

El Halconazo, la masacre de estudiantes en México de 1971, se suma así, sin ninguna pretenciosidad, a la conmemoración del quincuagésimo aniversario de la Masacre del Jueves de Corpus, a fin de recordar a quienes fueron víctimas del terrorismo de Estado.

Eduardo Barraza
Mesa, Arizona
Junio 2021

JÓVENES CONTRA JÓVENES

Terrorismo de Estado y el movimiento estudiantil en 1971

L A HERIDA CAUSADA AL PUEBLO MEXICANO POR LA MATANZA DE estudiantes y civiles el 2 de octubre de 1968 estaba abierta aún cuando otra masacre de estudiantes en la Ciudad de México revivió el terror y repudio a la represión perpetrada por el gobierno casi tres años atrás en la Plaza de las Tres Culturas, en el conjunto habitacional Tlatelolco.

El jueves 10 de junio de 1971, la población católica de México celebraba la Fiesta de Corpus Christi como de costumbre, pero una marcha estudiantil y las acciones del gobierno en contra de jóvenes manifestantes para disolverla darían un nuevo significado a esta fecha, ya que a este trágico suceso se le llamó la Matanza del Jueves de Corpus o la Masacre de Corpus Christi.

En 2021 se cumplieron 50 años de este episodio de represión, violencia y muerte en contra de ciudadanos que se manifestaban pacíficamente en las calles de la Ciudad de México, entonces llamada Distrito Federal. El suceso, también conocido como *El Halconazo*,

1

permanece en la memoria histórica como uno de los acontecimientos más trágicos que el pueblo mexicano continúa recordando.

Por medio siglo, la Matanza del Jueves de Corpus Christi ha permanecido en la consciencia colectiva de los mexicanos, y su significado y trascendencia han convocado a las nuevas generaciones a repudiar aquel acto de terrorismo de Estado, así como a honrar a las víctimas con una marcha conmemorativa cada año en el aniversario de la masacre.

Para la población mexicana, rememorar tragedias como la masacre de Tlatelolco o el Halconazo es un ejercicio cívico relevante para validar a las personas que fueron aterrorizadas personalmente por ellas y recordar a quienes perdieron su vida, así como para condenar con un juicio simbólico y una sentencia civil de culpabilidad a las malas acciones e impunidad del gobierno.

Durante muchos años se desconocieron y ocultaron los pormenores de esta acción represora planeada por el gobierno mexicano, hasta que tres décadas después, documentos previamente confidenciales revelaron detalles acerca del grupo de choque responsable por el ataque contra los estudiantes, algo que no solo atrajo mayor atención a este trágico suceso histórico, sino que pudo corroborar muchas de las sospechas sobre el papel del gobierno en la organización, ejecución y encubrimiento de la masacre. En suma, se comprobó plenamente que el grupo paramilitar que disolvió violentamente la manifestación de estudiantes del Jueves de Corpus fue creado, organizado, capacitado y financiado por altos funcionarios del Departamento del Distrito Federal.

Más recientemente, el trabajo cinematográfico de Alfonso Cuarón con su cinta *Roma* (2018) despertó el interés del público por conocer más sobre el Halconazo, ya que la película adapta con realismo y dramatismo la intervención de los Halcones al incorporarlos al argumento.

El fenómeno de los movimientos estudiantiles

En la década de 1960 y a principios de 1970, el espíritu de la protesta y rebelión estudiantil se propagaba en muchos países. El surgimiento de movimientos de estudiantes combativos representó uno de los fenómenos sociales más dramáticos, desafiantes y nuevos en todo el mundo en aquella época.[1] En México, esto no era la excepción.

Se debe tener en cuenta que los años sesenta transcurrían en el contexto mundial de la Guerra Fría, que se estima duró 45 años, de 1946 a 1991. Este período del siglo XX creó un ambiente de tensión ideológica y geopolítica entre Estados Unidos y la Unión Soviética, así como sus respectivos aliados, el Bloque Occidental y el Bloque del Este. Ambos poderes mundiales contendían en una guerra "fría", en el sentido de que después de la Segunda Guerra Mundial (1939–1945) no se libraban combates a gran escala directamente entre las dos superpotencias. No obstante, tanto Estados Unidos como la Unión Soviética apoyaban importantes conflictos regionales conocidos como guerras con fuerzas ajenas. Estas naciones rivalizaban para ejercer su influencia y dominio en el plano internacional, en donde Estados Unidos buscaba propagar el capitalismo democrático, mientras que la Unión Soviética pugnaba por imponer su sistema comunista. Los efectos de esta prolongada confrontación de ideologías tuvieron impacto en todo

---

1   Stedman Jones, Gareth (1970). *Poder estudiantil, problemas, diagnósticos y acción.* El sentido de la rebelión estudiantil. Editorial Tiempo Nuevo.

el mundo. En México, durante la década de 1960, la Guerra Fría se había comenzado a reconsiderar como una contienda entre las naciones dominantes y las que estaban dominadas, no únicamente como una rivalidad entre comunismo y capitalismo.[2]

En 1968, los movimientos estudiantiles sacudían con sus acciones y protestas multitudinarias ciudades como Berlín, Nueva York, París, Pekín, Praga y Tokio, alterando el estatus de la política y causando que los gobiernos temieran a los estudiantes con justificada razón.[3] México se agregaría a la lista de ciudades en ese año.

La historia de la protesta estudiantil en México se puede remontar a 1929, cuando los estudiantes declararon una huelga en la Universidad Nacional de México en protesta a cambios en los exámenes escolares de la Facultad de Derecho. La movilización dio como resultado el carácter autónomo del centro de estudios, modificando su nombre a Universidad Nacional *Autónoma* de México (UNAM). Casi tres décadas después, el 11 de abril de 1956, los estudiantes del Instituto Politécnico Nacional (IPN) estallan en una huelga general exigiendo la destitución del rector y otros administradores, así como la autonomía del centro de estudios. El paro estudiantil convocó a un gran número de escuelas del país y propagó la huelga en más de 20 estados. La lucha estudiantil alcanzó grandes proporciones, similares a la de 1968, y la represión gubernamental condujo a la ocupación de las instalaciones por el ejército con el apoyo de la policía judicial y el cuerpo antimotines

2   Sloan, Julia (2009). *Carnivalizing the Cold War: Mexico, the Mexican Revolution, and the Events of 1968* [La carnavalización de la Guerra Fría: México, la Revolución mexicana y los acontecimientos de 1968]. *European Journal of American Studies* [Revista Europea de Estudios Americanos]. URL: http://journals.openedition.org/ejas/7527
3   Stedman Jones, Gareth (1970). *Poder estudiantil, problemas, diagnósticos y acción*. El sentido de la rebelión estudiantil. Editorial Tiempo Nuevo.

(granaderos), así como al arresto y encarcelamiento de los dirigentes estudiantiles. Las demandas de los politécnicos fueron finalmente cumplidas en 1957.[4] En la década de 1960, los jóvenes mexicanos habían estado activos en la arena pública al menos desde 1966 con una huelga en la Universidad Michoacana de San Nicolás de Hidalgo (UMSNH), en Morelia, Michoacán, así como con un movimiento para promover reformas académicas en la UNAM. Estas acciones comenzaron a dar su ascenso al movimiento estudiantil.[5] Ya en 1968, se llevó a cabo la Marcha por la Ruta de la Libertad, organizada por la Central Nacional de Estudiantes Democráticos (CNED) y la Juventud Comunista de México para demandar la liberación de presos políticos estudiantiles.[6]

El año 1968 se ha descrito como el más turbulento desde el fin de la Segunda Guerra Mundial. Además de los movimientos estudiantiles internacionales y de otra índole, en 1968 el mundo fue testigo de magnicidios como el del líder del Movimiento por los derechos civiles en Estados Unidos, Martín Luther King Jr., asesinado en el mes de abril, y el del ex procurador general y candidato a la presidencia de ese país, Robert Kennedy, dos meses después, en junio. El sangriento conflicto armado en Vietnam y las protestas en contra de esta guerra se añadían a los disturbios sociales causados por las protestas de estu-

---

4   Rodríguez, Armando (2010). *Luchas en el IPN: Del cardenismo a la huelga de 1956.* Documentos del Comité de Lucha Estudiantil del Politécnico (CLEP).

5   Campa, Valentín S. (1991). *Mi testimonio, Memorias de un comunista mexicano.* Movimiento estudiantil. Crónicas, testimonios y documentos. Tercera edición corregida y aumentada. Ediciones de Cultura Popular.

6   Carey, Elaine (2005). *Plaza of Sacrifices Gender, Power, and Terror in 1968 Mexico* [Plaza de los sacrificios. Género, poder y terror en el México de 1968]. University of New Mexico Press [Universidad de Nuevo México].

diantes. Por su impacto y proliferación, en 1968 la protesta social se transformó en el común denominador, y los disturbios callejeros en la escena cotidiana.

El activismo de los estudiantes en las sociedades de sus países se convirtió en un factor crítico que producía cambios políticos que llegaron a desacreditar, transformar o derribar gobiernos.[7] Los estudiantes mexicanos, al igual que los de otras partes del mundo, habían irrumpido con ímpetu en la esfera de la política nacional, convirtiéndolos repentina e imprevisiblemente en una fuerza social imposible de ignorar y difícil de controlar.[8]

En ese contexto internacional de activismo juvenil en 1968, la juventud mexicana se involucró en actos de protesta que evolucionaron en un movimiento estudiantil que desafió al gobierno del presidente Gustavo Díaz Ordaz (1964–1970). La nación mexicana era objeto de la atención mundial como sede de los Juegos Olímpicos de México 1968. El gobierno federal buscaba mostrar el país como un modelo de progreso y destacar su crecimiento económico, mientras se preparaba para recibir a 150 mil visitantes del mundo. Los estudiantes, en cambio, veían una oportunidad de exponer al mundo problemas nacionales más profundos y promover cambios radicales. Se trataba del mismo escaparate pero de objetivos en conflicto. Las grandes acciones que los estudiantes llevaban a cabo en 1968 proponían enérgicamente, en primer término, demandas democráticas

---

7 Stedman Jones, Gareth (1970). *Poder estudiantil, problemas, diagnósticos y acción. El sentido de la rebelión estudiantil*. Editorial Tiempo Nuevo.
8 Ibid.

constitucionales, y, en segundo término, reclamos estudiantiles.[9] El encuentro entre el progreso económico que el gobierno quería exhibir y el cambio revolucionario demandado por la juventud mexicana se mezclaron en un tubo de ensayo sociopolítico que resultaría en una violenta y trágica reacción.

La intención de los jóvenes mexicanos de subvertir el tema olímpico («¡No queremos olimpiadas, queremos revolución!»[10]), y actuar con fines ajenos a la máxima competencia deportiva no era, desde luego, un concepto nuevo. En su edición del 30 de septiembre de 1968, la revista estadounidense *Sports Illustrated* dedicó su portada a los Juegos Olímpicos de México 1968, con el encabezado «México 1968. Los Juegos Olímpicos problemáticos».[11] En un artículo sobre las olimpiadas en México, el periodista y escritor deportivo John Underwood planteaba la pregunta: «¿Cómo se pueden separar los Juegos Olímpicos de la política?»[12], citando algunos casos de politización en olimpiadas pasadas y en la que se celebraba ese año.

Previo al inicio de los Juegos Olímpicos, quienes observaban y analizaban las protestas estudiantiles en México desde el extranjero –entre ellos Underwood– sabían muy bien que un país anfitrión de las olimpiadas se convertía también en un foro con proyección global, ideal para exponer problemas políticos y sociales usando las compe-

---

9   Campa, Valentín S. (1991). *Mi testimonio, Memorias de un comunista mexicano*. Movimiento estudiantil. Crónicas, testimonios y documentos. Tercera edición corregida y aumentada. Ediciones de Cultura Popular.

10   Poniatowska, Elena (1971). *La noche de Tlatelolco, Testimonios de historia oral*. Biblioteca ERA.

11   Underwood, John (September 30, 1968). *Games in Trouble* [Juegos en problemas]. *Sports Illustrated*.

12   Ibid.

tencias deportivas como telón de fondo. «Después estaba la cuestión de los indignados jóvenes activistas de México. No les gusta el gobierno del presidente Gustavo Díaz Ordaz y están tratando de derribarlo», escribía Underwood. «No pueden ver ningún bien a largo plazo –ya sea estímulo económico u orgullo nacional– proveniente de un gasto olímpico de $150 millones [de dólares]. Ya ha habido disturbios y tiroteos en las calles de la Ciudad de México. Los alborotadores están claramente ansiosos por hacer lo suyo frente a muchos testigos [espectadores de las olimpiadas]...Las opiniones de lo que harán van desde manifestarse (agitar pancartas) hasta actos genuinos de sabotaje y provocar la guerra callejera».[13]

Para el presidente Gustavo Díaz Ordaz, lo que acontecía en México con los estudiantes no sólo era parte de un amplio contexto internacional de agitación juvenil, sino también una tendencia que ocurría en el mundo siempre que un evento de relevancia mundial se llevaba a cabo. Así lo manifestó en el discurso de su Cuarto Informe de Gobierno ante el Congreso el 1 de septiembre de 1968: "Los desórdenes juveniles que ha habido en el mundo han coincidido con frecuencia con la celebración de un acto de importancia en la ciudad donde ocurren".[14] Díaz Ordaz citaba al respecto eventos como la Reunión Cumbre de Jefes de Estados Americanos de Punta del Este, Uruguay, en 1967, en donde, según dijo, la juventud estudiantil había aprovechado la ocasión "para provocar graves conflictos". Asimismo, el presidente se refirió a otros

---

13   Ibid., p. 7
14   Díaz Ordaz, Gustavo (1 de septiembre de 1968). *Cuarto Informe de Gobierno del presidente*. Discurso del Lic. Gustavo Díaz Ordaz, al abrir el Congreso sus sesiones ordinarias, el 1 de septiembre de 1968. 500 años de México en documentos. URL: http://www.biblioteca.tv/artman2/publish/1968_87/Mensaje_del_Cuarto_Informe_que_rindi_al_H_Congreso_293.shtml

sucesos importantes en otros países, los cuales habían sido interrumpidos "con actos violentos" por los jóvenes, justamente cuando se habían "concentrado las miradas del mundo entero" en dichas naciones. Por tanto, para Díaz Ordaz era innegable que la atmósfera social en la Ciudad de México en el verano de 1968, así como en otras ciudades del país, obedecía a actos que buscaban "presionar al Gobierno para que se atendieran determinadas peticiones [...] con fines ideológicos y políticos" y "aprovechando la enorme difusión que habrán de tener los encuentros atléticos y deportivos".[15] Lo que acontecía en las calles de México –protestas, movilizaciones y actos de violencia– no era para Díaz Ordaz sino una conspiración que buscaba "sembrar el desorden, la confusión y el encono [...] con el fin de desprestigiar a México [...] e impedir acaso la celebración de los Juegos Olímpicos".[16] En su opinión, la agitación estudiantil era una táctica de los opositores del gobierno para usar las olimpiadas como un escenario propicio a fin de promover su agenda, teniendo en cuenta la gran difusión mundial y la cobertura de los medios de comunicación internacionales. Sin embargo, en su informe Díaz Ordaz no nombró o denunció específicamente a los individuos o grupos que según él estaban detrás de lo que él describía como una intervención de "manos extrañas al mundo estudiantil". Antes del discurso del presidente, hacia finales de julio, el gobierno acusaba al Partido Comunista Mexicano de instigar el movimiento estudiantil.[17] Otros grupos afirmaban que las manifestaciones

---

15   Ibid., p. 8
16   Ibid., p. 8
17   Campa, Valentín S. (1991). *Mi testimonio, Memorias de un comunista mexicano*. Movimiento estudiantil. Crónicas, testimonios y documentos. Tercera edición corregida y aumentada. Ediciones de Cultura Popular.

de estudiantes eran dirigidas nada menos que por la Agencia Central de Inteligencia (CIA) de Estados Unidos.

Sin duda, las olimpiadas son una plataforma ventajosa para que grupos de cualquier ideología traten de promover su agenda, sea esta política, social o religiosa. La historia demuestra que desde 1936, la política y las olimpiadas han ido de la mano. Al organizar los Juegos Olímpicos de 1936, la Alemania nazi se valió de este evento deportivo, que busca promover la buena voluntad entre las naciones, para poner en marcha una maquinaria de propaganda global a fin de promover la supuesta "superioridad" aria.[18] A este respecto, era obvio que el gobierno de Díaz Ordaz también tenía su propia agenda: usar los Juegos Olímpicos de 1968 para mostrar al mundo un México moderno, próspero y optimista. Desde luego que el gobierno sólo estaba interesado en mostrar un lado positivo del México de finales de los 60 gobernado por el partido oficial. Cuatro años antes, en 1964, cuando el libro del antropólogo Óscar Lewis, *Los hijos de Sánchez, Autobiografía de una familia mexicana*, fue publicado en español en México, el gobierno de Díaz Ordaz expresó una gran indignación porque la obra exponía la pobreza y otros aspectos crudos de la vida cotidiana en una zona marginal de la Ciudad de México, exhibiendo los fallos del sistema político del Partido Revolucionario Institucional (PRI). El presidente afirmaba en 1968, sin embargo, "No pretendemos engañar, aparentando lo que no tenemos".[19] En 1972, las olimpiadas no sólo se usaron también como arena política, sino que se convirtieron en la escena de una terrible masacre en plena villa olímpica. Los Juegos Olímpicos

---

18   *Las Olimpíadas Nazis, Berlín 1936*. Enciclopedia del Holocausto. URL: https://encyclopedia.ushmm.org/content/es/article/the-nazi-olympics-berlin-1936
19   Díaz Ordaz, Gustavo (1 de septiembre de 1968). *Cuarto Informe de Gobierno del presidente*. Discurso del Lic. Gustavo Díaz Ordaz, al abrir el Congreso sus sesiones ordinarias, el 1 de septiembre de 1968. 500 años de México en documentos.

de 1972 en Múnich, Alemania Occidental, fueron el fatal escenario en el que 11 miembros del equipo olímpico israelí fueron tomados como rehenes por el grupo terrorista palestino Septiembre Negro, y después asesinados. Los terroristas buscaban la liberación de 234 prisioneros en Israel, así como la de los fundadores alemanes de la Facción del Ejército Rojo. Díaz Ordaz tenía razón: las olimpiadas en México podían servir como una gran plataforma publicitaria, no solamente para quienes él afirmaba buscaban difundir una imagen distorsionada de México, sino para su propio gobierno, que a su vez trataba de promocionar una imagen retocada del país. El mandatario criticaba también las protestas desde la óptica de esa estampa posrevolucionaria y de progreso de México que quería proyectar precisamente durante los juegos olímpicos, al decir también en su informe: "Hemos dado ocasión para que, en el extranjero, se presente a México como un país en el que se perpetran los peores hechos; a que resucite la injusta y casi olvidada imagen del mexicano violento, irascible y empistolado; a que, al par que se informa de dolorosas verdades, también se nos calumnie".[20] Un mes más tarde, tras la masacre ocurrida el 2 de octubre en la Plaza de las Tres Culturas, en Tlatelolco, la ironía de estas palabras expresadas por Díaz Ordaz no podía ser mayor, al haber sido la propia represión violenta de su gobierno para acallar el movimiento estudiantil lo que había mostrado a México, y al mundo, ese país del que él hablaba en donde, en realidad, "se perpetran los peores hechos".

El hecho de que este movimiento estudiantil en México no representaba un hecho apartado sino más bien otra onda en la oleada de protestas juveniles en otras partes del mundo, tampoco pasaba

---

20   Ibid., p. 10

desapercibido para Díaz Ordaz, quien describía algunos aspectos de lo que los jóvenes mexicanos hacían como una "imitación" o una "burda parodia" de lo que se veía en otros países. "De algún tiempo a la fecha a nuestros principales centros de estudio, se empezó a reiterar insistentemente la calca de los lemas usados en otros países, las mismas pancartas, idénticas leyendas [...]. El ansia de imitación se apoderaba de centenares de jóvenes de manera servil y arrastraba a algunos adultos".[21] Se debe recordar que Díaz Ordaz era un jurista y un hombre producto del sistema político autoritario y represivo, por tanto, las protestas juveniles del 68 eran de su completo desagrado, aun más en el umbral de la celebración de las olimpiadas en México. Ante la realidad de que el movimiento de protesta juvenil internacional había llegado a México, el presidente declaró: "Habíamos estado provincianamente orgullosos y candorosamente satisfechos de que, en un mundo de disturbios juveniles, México fuera un islote intocado".[22]

Las marchas y protestas masivas, los actos de vandalismo, así como otras acciones de confrontación a las autoridades durante varios meses, llevaron finalmente al gobierno a aplastar el movimiento estudiantil el 2 de octubre de ese año, dejando un alto número de muertos, heridos y desaparecidos. La cifra exacta de civiles heridos y muertos nunca se ha establecido con precisión. Se estima que fueron centenares. La disputa entre el gobierno mexicano y el movimiento estudiantil por atraer la atención internacional para sus propósitos al final resultó en un negro episodio de violencia y muerte que manchó de sangre la arena de la más grande justa deportiva ante los ojos del mundo.

---

21 Ibid., p. 10
22 Ibid., p. 10

La desmovilización estudiantil

El efecto de la contundente y mortal acción del gobierno el 2 de octubre logró trastornar y desestabilizar la organización estudiantil, interrumpiendo sus acciones y deteniendo su desarrollo. A los muertos, heridos y desaparecidos se sumaron los detenidos. Los líderes más visibles del movimiento fueron arrestados e intimidados. El temor y la desmoralización surtieron efecto, lo que llevó a la disolución del Consejo Nacional de Huelga (CNH) el 4 de diciembre de 1968, dos meses después de la matanza en Tlatelolco. El estatus de preso político se encarnó en líderes estudiantiles como Raúl Álvarez Garín, Miguel Eduardo Valle Espinosa –ambos miembros del CNH–, y en Luis Tomás Cervantes Cabeza de Vaca, representante de la Escuela Nacional de Agricultura de Chapingo ante el CNH, así como en intelectuales como el escritor e ideólogo José Revueltas –a quien los medios de comunicación señalaban como el "autor intelectual" del movimiento estudiantil[23]–, y en Heberto Castillo, ingeniero civil, activista y político mexicano de izquierda.

Fundado el 2 de agosto de 1968, el CNH había tomado la dirección del movimiento y estaba integrado por estudiantes de la Universidad Nacional Autónoma de México (UNAM), el Instituto Politécnico Nacional (IPN), El Colegio de México (COLMEX), la Escuela Nacional de Agricultura de Chapingo (UACh), la Escuela Normal Superior de México (ENSM), la Escuela Nacional de Antropología e Historia (ENAH), la Universidad Iberoamericana (UIA) y otros centros de educación superior del país.

---

23 Monsiváis, Carlos (2008). *Escribir, por ejemplo: de los inventores de la tradición*. Fondo de Cultura Económica.

Tras la disolución del CNH, posteriormente surgió el Comité Coordinador de Comités de Lucha (COCO), con el fin de dar continuidad al movimiento estudiantil y reagrupar a las escuelas involucradas. Fue el COCO el que organizaría la marcha estudiantil del 10 de junio de 1971.

En la arena política, después de la matanza del 2 de octubre de 1968, y antes de la masacre del 10 de junio de 1971, México vivía la transición gubernamental del fin del sexenio de Díaz Ordaz y otros sucesos relevantes, entre ellos la muerte el 4 de junio de 1969 en un accidente aéreo –en circunstancias sospechosas– del expresidente del PRI y excandidato a la presidencia, Carlos Madrazo Becerra; la campaña electoral de Luis Echeverría Álvarez, candidato del PRI; y, la toma de posesión del Poder Ejecutivo de Echeverría como nuevo presidente para el sexenio 1970–76, el primero de diciembre de 1970.

Una década de profundos cambios culturales, sociales y políticos, de movimientos populares, magnicidios, guerra, contracultura, protesta y revolución llegaba a su fin. En México, un presidente terminaba su periodo sexenal pasando la estafeta política a su Secretario de Gobernación, en un acto simbólico que suponía más problemas para la disidencia estudiantil. Se sentaban así las bases de una nueva era sociopolítica para otro sexenio de represión y abusos gubernamentales, y su arquitecto era un hombre coludido directamente a la matanza del 2 de octubre. Echeverría se aproximaba a la juventud extendiendo su mano derecha en apariencia conciliadora, pero con el puño izquierdo apretado en señal de amenaza. Medio año después, la realidad mostraría cuál de ambas manos definiría la actitud política del sucesor de Díaz Ordaz.

La protesta estudiantil en México no se había extinguido del todo durante ese período de transición, proseguía latente, y paulatinamente llegaría a reorganizarse y a retomar forma y fuerza. Meses antes de la marcha organizada por el COCO para el 10 de junio de 1971, el activismo de los estudiantes, así como las acciones represivas del gobierno, se suscitaban en hechos como uno ocurrido el 4 de noviembre de 1970 (26 días antes del fin del sexenio de Díaz Ordaz). En esa fecha, los estudiantes participaron en un mitin de apoyo a más de 100 obreros que habían sido despedidos de la Fábrica de Hilados y Tejidos Ayotla Textil, por tratar de formar un sindicato independiente.[24] Con base a que el día anterior el político de línea marxista chileno Salvador Allende había sido elegido democráticamente como presidente de su país, la Embajada de Estados Unidos informó en un documento confidencial que los estudiantes se habían reunido para celebrar la victoria de Allende.[25] Ambas razones pudieran ser factibles. Según la información, el mitin fue reprimido por un grupo de choque llamado los Halcones, a cargo del coronel del ejército mexicano Manuel Díaz Escobar, y los esbirros del gobierno habían usado varas de bambú como armas para suprimir el mitin.

No obstante la acción aplastante del gobierno la noche del 2 de octubre de 1968, en 1970 los estudiantes resistían como una fuerza social en movimiento, tratando de dar cohesión a su lucha para obtener el cumplimiento de sus demandas. Por su parte, a partir del 1 de diciembre de 1970, el nuevo gobierno federal, así como el del Distrito Federal, se disponían a mantener control del movimiento juvenil

---

24   Pérez Arce, Francisco (1982). *Los primeros años de la insurgencia. Historias*. Núm. 1. Julio-Septiembre.

25   U.S. Embassy in Mexico (January 6, 1971). Confidential airgram [Aerograma confidencial]. *Special Observation and Training Program in Police Activities* [Programa especial de observación y capacitación en actividades policiales].

mediante la represión violenta, y a desarticularlo para evitar su crecimiento y fortalecimiento. La sombra de 1968 se proyectaba sobre el pavimento de las calles del Distrito Federal.

Según un informe de 1971 emitido por la Embajada de Estados Unidos en México, los estudiantes constituían "uno de los pocos elementos que flotaban libremente en el sistema político mexicano".[26] Debido a esto, el sector estudiantil era "objeto de manipulación por parte de una variedad de grupos de izquierda, así como por personas dentro de la estructura del poder".[27] Grupos de estudiantes y jóvenes sin ocupación también fueron utilizados por elementos de derecha, incluyendo directivos de escuelas preparatorias y facultades universitarias, y también por políticos y funcionarios militares y policiacos, a fin de tratar de mantener a los grupos de estudiantes de izquierda en línea y vigilados.

El único grupo social que escapaba al firme control que el PRI ejercía sobre los múltiples sindicatos nacionales de industria y gremiales era el de los estudiantes de los centros de educación superior pública. Esto obedecía al hecho de que, como fuerza política, el estudiantado constituía una noción nueva en México.[28] En 1968, entre las ciudades de más rápido crecimiento en el mundo se encontraba la Ciudad de México (Distrito Federal). Un muy alto porcentaje de la población eran jóvenes, y muchos eran estudiantes de la UNAM o el IPN.[29]

---

26 U.S. Embassy in Mexico (May 25, 1971). *Youth and the Echeverría Administration* [La juventud y el gobierno de Echeverría]. [Embajada de EE.UU. en México]. Confidential airgram [Aerograma confidencial].
27 Ibid.
28 Kurlansky, Mark (2004). *1968, The Year that Rocked the World* [1968, El año que sacudió al mundo]. In an Aztec Place (En un lugar azteca). Chapter 29. Ballantine Books.
29 Ibid.

Para Valentín Campa, uno de los dirigentes de la huelga ferrocarrilera mexicana de 1959, militante comunista y preso político, el gran aumento de la población estudiantil universitaria y su conciencia social explicaban su activismo en la década de 1960 y principios de 1970. "[E]l factor concurrente de que los estudiantes conocen los problemas económicos, sociales y políticos, da lugar a que en el estudiantado se conforme un espíritu de avanzada...La acumulación de factores de descontento es el motor de las movilizaciones estudiantiles".[30]

Los grupos de izquierda constituían un bloque diverso que para el gobierno de Echeverría representaba una amenaza eventual que no estaba dispuesto a tolerar. Esas agrupaciones incluían ideologías castristas, castro-guevaristas, che-guevaristas, comunistas, demócratacristianas, maoístas, marxistas leninistas, socialistas y trotskistas. Este fenómeno se suscitaba en varios países del mundo y particularmente en América Latina.

El influjo comunista

En el marco de una fuerte tendencia internacional, la juventud se adhería a nuevas ideologías revolucionarias, adoptando nuevos modelos a seguir en figuras como Ernesto 'Che' Guevara, en quien los jóvenes se inspiraron como un poderoso símbolo para fomentar un cambio político en sus países. Guevara había sido ejecutado en octubre de 1967 en la selva de Bolivia, en donde impulsaba la revolución. Su ejecución sumaria elevó su estatus como ícono de lucha antiimperialista, y contribuyó

---

30 Campa, Valentín S. (1991). *Mi testimonio, Memorias de un comunista mexicano*. Movimiento estudiantil. Tercera edición corregida y aumentada. Crónicas, testimonios y documentos. Ediciones de Cultura Popular.

a propagar sus ideales revolucionarios entre las masas juveniles internacionales. Su rostro se transformó en un emblema de cultura popular visual, "en un logotipo despolitizado...un potente símbolo antisistema utilizado por un amplio espectro de movimientos de derechos humanos e individuos..."[31] En México y el resto de Latinoamérica los estudiantes se inclinaban al comunismo como una forma de rechazar el capitalismo estadounidense. Los mexicanos consideraron la Guerra Fría como un ejemplo de agresión por parte de gobiernos imperialistas que mediante su poderío financiero y militar pudieron dominar los países menos desarrollados.[32]

En las décadas de 1960 y 1970, las protestas estudiantiles y los movimientos sociales veneraban la Revolución Cubana y a líderes comunistas como Fidel Castro, Salvador Allende, Ho Chi Minh y Mao Zedong, a teóricos como Karl Marx y Friedrich Engels, y a revolucionarios rusos como León Trotsky y Vladimir Lenin. En las calles de la Ciudad de México se sentía un fuerte influjo del comunismo. Era frecuente encontrar literatura acerca de Cuba, iconografía del 'Che' Guevara impresa en posters, prendas de vestir y otras mercancías, o imágenes de Marx y Lenin en diversa propaganda impresa. En marchas y mítines, la imagen de Guevara se plasmaba en mantas y pancartas, o su lema, "Hasta la victoria siempre", aparecía en muros en forma de grafiti o era gritado por los participantes durante las mani-

---

31   Oquendo-Villar, Carmen (2009). *Che to Che: Sexual Politics in Chile* [Che to Che: Política sexual en Chile]. ReVista, Harvard Review of Latin America [ReVista Harvard de América Latina]. Fall [Otoño] 2009/Winter [Invierno] 2010 Volume [Volumen] VIII, Number [Número] 3. David Rockefeller Center for Latin American Studies [Centro David Rockefeller de Estudios Latinoamericanos].
32   Sloan, Julia (2009). *Carnivalizing the Cold War: Mexico, the Mexican Revolution, and the Events of 1968* [La carnavalización de la Guerra Fría: México, la Revolución mexicana y los acontecimientos de 1968]. *European Journal of American Studies*. [Revista Europea de Estudios Americanos]. URL: http://journals.openedition.org/ejas/7527

festaciones. La hoz y el martillo en color amarillo sobre un fondo rojo –el símbolo comunista– rivalizaba con los símbolos patrios. Las letras de canciones de protesta de cantantes como Óscar Chávez (México), Mercedes Sosa (Argentina), Víctor Jara (Chile), Pablo Milanés, Silvio Rodríguez (Cuba), y Joan Báez (Estados Unidos) eran populares en círculos de izquierda, y denunciaban la situación sociopolítica de sus países o rendían tributo a los héroes revolucionarios del momento. La literatura popular encumbraba volúmenes de historietas cómicas como las del caricaturista político y activista de izquierda mexicano Rius (Eduardo del Río), autor de éxitos de ventas como *Cuba para principiantes* (1966), *Marx para principiantes* (1972) y *La trukulenta historia del kapitalismo* (1976), este último adoptado como libro de texto de nivel escolar medio. El formato de crítica social a través de la caricatura, y el fácil acceso de las masas populares a este eficaz género de literatura, convirtió a su autor en una autoridad a nivel pueblo sobre temas de comunismo para millones en México y en otros países del mundo que leían sus obras traducidas. Las historietas de Rius ejercían tal influencia que tomaban un efecto didáctico y de propaganda comunista y antiimperialista. Aún más marcado era el apego de la juventud –real, simbólico o teórico– a ideologías que en general representaran una postura en contra del imperialismo de Estados Unidos durante este lapso de la Guerra Fría.

El gobierno de México y otros sectores luchaban contra el influjo de estas ideologías de izquierda extranjeras que predominaban en esa era y en muchas partes del mundo. La mayoría de los estudiantes se afiliaban teóricamente, y otros de forma militante, a alguna de estas doctrinas, por tanto, se convertían en adversarios de la patria, del gobierno, del capitalismo, de Estados Unidos, y en una amenaza que combatir.

El fenómeno de las movilizaciones estudiantiles en el mundo provocó invariablemente una respuesta proporcional y desproporcional de los gobiernos para controlarlos. La represión política fue el método de las autoridades para enfrentar el reto que representaban la rebelión y la protesta juvenil. El control por la fuerza condujo a innumerables violaciones de los derechos humanos, episodios de brutalidad policial, detenciones y encarcelamientos, así como a acciones violentas que incluyeron la tortura, desaparición forzada y asesinatos por las autoridades o sus fuerzas paramilitares.

Para el periodista y escritor político irlandés-estadounidense Alexander Cockburn, la represión y el autoritarismo de los gobiernos eran sus armas de defensa para enfrentar las revueltas de los jóvenes. "La reacción de las autoridades es notoria. Cuando les rechazan los intentos de cogestión, despliegan enérgicamente el arsenal represivo preparado para el caso: policía especial, unidades paramilitares, perros guardianes, lanza agua, gas lacrimógeno, granadas detonantes, etc. El paralelogramo exacto de la fuerza y fraude de cada país varía con el vigor del movimiento estudiantil, pero en ninguna parte la máscara de la tolerancia represiva oculta durante mucho tiempo el rostro verdadero de la autoridad, con su determinación de defender el principio autoritario".[33]

Se gesta la marcha del 10 de junio

El presidente Luis Echeverría Álvarez gobernaba el país desde el primero de diciembre de 1970. El mandatario había tenido un papel

---

33   Cockburn, Alexander (1970). *Poder estudiantil, problemas, diagnósticos y acción.* Prólogo. Nuevos espectros. Editorial Tiempo Nuevo.

clave casi tres años atrás durante la matanza de estudiantes del 2 de octubre, cuando se desempeñaba como titular de la Secretaría de Gobernación en el sexenio de Díaz Ordaz.

Desde entonces se le ha señalado como responsable de ordenar la masacre, pero Echeverría ha asegurado que la orden de atacar a los estudiantes en la Plaza de las Tres Culturas no pudo haber sido emitida más que por el mismo presidente Díaz Ordaz. Sin embargo, el conocido papel de la Secretaría de Gobernación, sobre todo en aquella época, en la vigilancia y seguimiento de las protestas y manifestaciones estudiantiles, así como de sus dirigentes, no deja lugar a duda que Echeverría participaba activamente y estaba enterado de todos los pormenores antes, durante y después del 2 de octubre.

La Secretaría de Gobernación desplegaba un gran número de agentes, muchos de ellos encubiertos, que se encargaban de observar, recopilar y reportar información que se transmitía por radio y teléfono. En una oficina anexa al edificio de Gobernación ubicado en la Calle General Prim se recibía esta comunicación, y desde ahí se giraban órdenes a los elementos que se movían en las calles entre la multitud.

Algunos fotógrafos y documentalistas se hacían pasar por miembros de los medios de información, pero en realidad tomaban fotografías y película de las protestas, marchas y mítines, así como de los líderes y otros participantes, para identificar y tener archivos de quienes eran considerados adversarios del régimen del partido gobernante. Los altos mandos y, desde luego, el presidente, estaban completamente informados de lo que sucedía. Es absurdo pensar que Echeverría, como él lo ha afirmado en algunas entrevistas, no fuera parte ni estuviera enterado de cada detalle tanto de la masacre en Tlatelolco en 1968, así como de la represión y matanza del 10 de junio de 1971.

Echeverría comenzó su gobierno con una actitud de "apertura democrática" y liberando a un gran número de presos políticos que habían sido encarcelados por su participación en el movimiento estudiantil de 1968, entre ellos José Revueltas y Heberto Castillo. A otros les permitió volver de su exilio desde otros países. En práctica, aunque más en teoría, el nuevo presidente buscaba mejorar su relación con el sector estudiantil y sus líderes, pero el ataque perpetrado el 10 de junio de 1971 dejó demostrado que no toleraría el desarrollo del movimiento estudiantil de forma similar que en 1968.

En junio de 1971, grupos de estudiantes en el Distrito Federal acordaron llevar a cabo una marcha de apoyo a los estudiantes de la Universidad Autónoma de Nuevo León (UANL), ubicada en la ciudad de Monterrey, que meses antes habían ocupado las instalaciones del centro de estudios como protesta a nuevos estatutos adoptados por la universidad, e interpretados por ellos como un golpe en contra de la autonomía universitaria.

El paro estudiantil en Monterrey fue confrontado por fuerzas policiales tras la orden del gobernador de Nuevo León, Eduardo Elizondo, a fin de retomar el control del plantel. El conflicto llevó al presidente Echeverría a intervenir, tomando acciones que favorecieron en parte las demandas de los estudiantes, así como designando a un nuevo rector del centro de estudios.

La situación en Monterrey motivó a estudiantes en la ciudad de México pertenecientes a la Universidad Nacional Autónoma de México (UNAM), y sus escuelas preparatorias, y al Instituto Politécnico Nacional (IPN), y sus escuelas vocacionales, a mostrar su solidaridad al movimiento estudiantil en el norte del país, organizando una marcha pacífica para el jueves 10 de junio de 1971. Aunque las demandas de los estudiantes de la UANL habían sido mayormente cumplidas, el plan de la marcha se mantuvo, a pesar de que esta no influenciaría el resultado de la resolución sobre la situación en Monterrey. Se puede suponer que los jóvenes del Distrito Federal querían ejercitar su músculo de protesta y su derecho a manifestarse con una marcha multitudinaria que a la vez sondeara la latitud de tolerancia de la presidencia de Echeverría. La decisión de marchar estaba hecha, y no habría retroceso.

Echeverría habría opinado en ese sentido según lo dicho por el ex Jefe del Departamento del Distrito Federal, Alfonso Martínez Domínguez, en un artículo periodístico publicado en la revista *Proceso* ocho años después del Halconazo. Según el exfuncionario, Echeverría afirmó que, con la marcha, los jóvenes buscaban probar a su gobierno y que por tanto los iba a castigar con dureza y meterlos al orden.[34]

El recurso gubernamental del porrismo

El grupo paramilitar de los Halcones llegó a ser de alguna manera una evolución o transmutación de los grupos de "porros" empleados por el gobierno del PRI desde la década de 1950. No obstante, esta práctica represora no era exclusiva del partido gobernante. En 1968, la cultura del porrismo estaba bien enraizada e instalada en los planteles escolares de preparatorias, vocacionales y en los centros de educación superior. "[El P]orrismo, simultáneamente definido como un mecanismo

---

34   Castillo, Heberto (9 de junio de 1979). *La matanza fue preparada por Luis Echeverría.* Trama de la matanza del 10 de junio. Martínez Domínguez manipulado y desechado. *Proceso.* Número 136.

de control y mediación, fue eficazmente consolidado como una herramienta extrajudicial de represión y conciliación por parte del gobierno y las élites políticas rivales dentro de las escuelas secundarias y universidades...Su propósito era tanto aplastar como negociar con lo que las autoridades en diversas posiciones de poder vieron a lo largo de esta era de confrontación de la Guerra Fría como el 'surgimiento' de fuerzas políticas estudiantiles 'radicales'".[35]

Los porros, así como los Halcones, no eran otra cosa más que agentes del gobierno disfrazados de estudiantes. Sus actividades incluían la infiltración en los planteles de educación, el espionaje, la diseminación de desinformación, la provocación, la intimidación, la agresión física y, en ciertos casos, hasta el asesinato de líderes estudiantiles.

La utilización del recurso del porrismo como agente de control y represión de estudiantes era además una treta gubernamental para evitar el uso de las fuerzas del orden oficiales y de agentes uniformados. El libreto del gobierno era engañar y confundir a la sociedad mexicana, influir la opinión pública y manipular a la prensa, mezclando a porros con apariencia de estudiantes con los verdaderos estudiantes. Esta táctica tuvo un efecto contaminador en el movimiento estudiantil, así como en sus demandas legítimas. El propósito del gobierno era perjudicar y entorpecer la lucha estudiantil desprestigiando a los estudiantes genuinos, así como usar a los porros para crear una imagen distorsionada del estudiantado ante el público y los medios de comunicación. Así, sectores del pueblo llegaron a temer

---

35   Pensado, Jaime M. (2013). *Rebel Mexico, Student Unrest and Authoritarian Political Culture During the Long Sixties* [México rebelde, descontento estudiantil y cultura política autoritaria durante los largos años sesenta]. Stanford University Press [Editorial de la Universidad de Stanford].

a los jóvenes en una atmósfera social en la que ser estudiante se convirtió en sinónimo de ser alborotador o pendenciero. En las colonias populares del Distrito Federal, la presencia de grupos de porros amedrentaba a sus habitantes, que al no saberlos distinguir se referían a ellos como "estudiantes", usando el término como equivalente de revoltosos o rufianes.

Las acciones de los porros transmitían a la opinión pública un mensaje tergiversado en el sentido de que los estudiantes eran peleoneros, agitadores y un peligro para la sociedad. El uso del porrismo en los gobiernos de Díaz Ordaz y Echeverría fue eficaz en malear la lucha de los estudiantes y poner a gran parte de la opinión pública en contra de ellos.

En este periodo, los porros eran un recurso del gobierno para reclutar a jóvenes que no eran estudiantes con vestimenta normal de estudiantes para que la sociedad no supiera ni pudiera diferenciar quién era el agente encubierto del gobierno y quién el estudiante. Otros sí eran estudiantes o se identificaban como tales a fin de operar como informantes del gobierno. Con este ardid, los funcionarios públicos del partido gobernante buscaban evitar el espectáculo de violencia y represión en contra de sus opositores de izquierda al no utilizar agentes uniformados y cuerpos del orden oficiales, algo que sucedía en otros países de Latinoamérica. En este sentido, la artimaña gubernamental era usar jóvenes sicarios contra jóvenes estudiantes, contraponerlos en un espectáculo público de pelea al estilo de las riñas callejeras entre pandillas juveniles. Jóvenes contra jóvenes fue la fórmula siniestra de las autoridades, la maniobra maestra que confrontaba a jóvenes en cada extremo del movimiento de un péndulo de violencia –unos golpeando y otros siendo golpeados– pero ambos utilizados vilmente por los funcionarios públicos para cumplir sus confabulaciones más taimadas. En este contexto se planeó y se ejecutó la represión y masacre del 10 de junio.

El Halconazo

La marcha programada a realizarse el jueves de Corpus Christi representaba la primera manifestación de estudiantes de grandes proporciones desde la matanza del 2 de octubre en Tlatelolco. Para el gobierno de Echeverría, la amenaza de la protesta juvenil en masa sobre las calles del Distrito Federal se hacía manifiesta, y el espectro del movimiento estudiantil de 1968 resurgía en esta marcha, convocando a miles de estudiantes.

No obstante que el movimiento estudiantil de 1968 había sido dispersado y desarticulado temporalmente, era obvio que el espíritu del movimiento persistía en los dos centros de educación superior de la Ciudad de México y en algunas de las universidades de provincia.[36] La lucha de los estudiantes había permanecido en mayor o menor medida latente hasta 1971, cuando en Nuevo León y en la Ciudad de México las protestas y marchas estudiantiles volvieron con fuerza.

La manifestación del 10 de junio significaba una afrenta a la aparente política conciliadora de Echeverría, así como un reto a su gobierno, por lo que sin lugar a duda la consideró como un indicativo del resurgimiento del movimiento estudiantil en la Ciudad de México. Sin titubear, Echeverría y las autoridades se determinaron a aplas-

---

36   Stevens, Evelyn (1974). *Protest and Response in Mexico. The Life and Death of Protest Movements*. The Price of Progress [Protesta y respuesta en México. Vida y muerte de los movimientos de protesta. El precio del progreso]. The Massachusetts Institute of Technology [Instituto de Tecnología de Massachusetts].

tar la marcha del 10 de junio antes de que el movimiento estudiantil ganara más impulso. La evidencia así lo demuestra.

El punto de partida de la marcha se fijó en las instalaciones del IPN, en el llamado Casco de Santo Tomás –un área en donde se ubica la Unidad Profesional Lázaro Cárdenas, cuyo terreno pertenece al IPN. En teoría, la manifestación terminaría en el Monumento a la Revolución, cerca del centro de la ciudad, una ruta aproximada de tres kilómetros. Se estima que participaban entre cinco mil o 10 mil estudiantes, según la fuente.

Los miles de manifestantes caminaban por la Avenida de los Maestros, en donde sus movimientos eran observados de cerca por la policía del Distrito Federal. En un punto del trayecto, un escuadrón de policías antimotines les bloqueó el paso para advertirles que la marcha no tenía permiso de llevarse a cabo, lo cual era cierto. La marcha continuó a pesar de los actos de intimidación, sin embargo, esto fue el preludio para que cientos de Halcones entraran en acción.

Cuando los manifestantes avanzaban por la Avenida Ribera de San Cosme y se aproximaban a la Avenida Melchor Ocampo (vialidad del Circuito Interior), muy cerca del Cine Cosmos, decenas de hombres jóvenes armados salieron de autobuses y camionetas y comenzaron a correr en dirección de la multitud, gritando y empuñando amenazantes varas largas de madera de las que se usan en combates de artes marciales. A la vanguardia iban los periodistas que cubrían la marcha. Varios de ellos fueron las primeras víctimas de la furia de los paramilitares del gobierno. El rostro inequívoco del terrorismo de Estado quedó registrado para la posteridad en la fotografía más emblemática del Halconazo, en la que se ve a un halcón corriendo y empuñando con sus dos manos una vara de bambú, al tiempo que lanza un grito con una expresión que resume la violencia y el terror del gobierno desatados contra sus pobladores. La imagen fue captada en el momento justo de la aparición de los Halcones por San Cosme por el fotoperiodista independiente Armando Lenin Salgado, quien años después relataría este momento. "Al llegar a San Cosme se oyó un alarido, supuestamente de otros estudiantes, quienes garrote en mano venían al encuentro de los manifestantes...empecé a disparar el obturador [de la cámara]... al primero que le sorrajaron tremendo garrotazo fue al camarógrafo de la NBC, Antonio Halik, a quien sin piedad lo empezaron a garrotear y patear".[37]

Instantes después, el grupo paramilitar arremetió contra los estudiantes y civiles empleando varas largas de caña de bambú (palos de kendo), y otros objetos propios de peleas entre pandilleros. Más tarde, algunos de los atacantes también utilizarían armas de fuego como rifles de alto calibre en contra de los estudiantes que huían para esconderse del ataque.

Los agresores no vestían uniformes militares ni de la policía, iban simplemente vestidos con ropa de civil, lo que les daba la apariencia de ser estudiantes rivales. Sin embargo, un gran número de policías y vehículos del Departamento del Distrito Federal sí estaban presentes en el área en la que se perpetró la violenta represión, pero no intervinieron en ningún momento para detener el ataque en contra de los manifestantes. La respuesta lógica de la policía debía de haber sido mantener el orden público, pero después se sabría que tenía órdenes expresas de no intervenir en lo que inicialmente se trató de hacer ver

---

37   Salgado, Armando Lenin (2014). *Una vida en guerra: Cuando el genocidio tuvo permiso*. Los Halcones vuelan hacia la muerte. Editorial Paradigma.

como una confrontación entre estudiantes de bandos opuestos, esto es, estudiantes contrarios atacando a los manifestantes.

El viernes 11 de junio, los medios impresos daban cuenta de lo sucedido con versiones encontradas. Varios diarios nacionales destacaban la noticia sobre la manifestación y subsecuente agresión a los estudiantes con titulares como «Refriega de estudiantes». En su portada, el popular periódico *La Prensa* publicó el siguiente texto debajo de una fotografía que muestra a los Halcones en acción: «BATALLA CAMPAL. Armado con palos y varas de bambú un número indeterminado de jóvenes, que ayer convirtieron en campo de batalla varias calles de la metrópoli al chocar grupos estudiantiles de diversas tendencias, se lanza a la carga. Los que marchan a la vanguardia, a la izquierda se abalanzan sobre un fotógrafo para apalearlo y despojarlo de su cámara. La violencia callejera provocó angustia y pánico en los transeúntes, desquició el tránsito de vehículos y obligó a los comerciantes a cerrar sus establecimientos.»[38] Parte de la información de *La Prensa* se basaba en la declaración oficial hecha por el regente Alfonso Martínez Domínguez inmediatamente después del incidente, que denunciaba un choque entre "grupos estudiantiles de diversas tendencias".

En su edición del 11 de junio de 1971, el diario *Excélsior* publicó en su portada una nota con el encabezado «Responsabiliza AMD a Facciones Divergentes». De acuerdo a esta información, «El regente Alfonso Martínez Domínguez responsabilizó anoche a "grupos de diversas y encontradas tendencias políticas" de los violentos sucesos de ayer en esta capital; rechazó que la policía haya agredido a estu-

---

38 *La Prensa* (11 de junio de 1971). *Refriega de estudiantes.*

diantes; sostuvo que lo ocurrido fue un acto de provocación a la autoridad y entre ellos mismos...»[39]

Ante los medios de comunicación, el regente fue más allá para negar categóricamente la existencia misma de los Halcones. "[L]amento profundamente los acontecimientos pero sí quiero decirle que en la jerga de la opinión de la calle, existen los 'charros', los 'gorilas', los 'halcones' y otros nombres. El Departamento del Distrito Federal y el Gobierno de la República, no tienen ningún cuerpo de este tipo. No existen 'Los Halcones'. Esta es una leyenda y están a disposición de ustedes los medios necesarios para comprobarlo".[40]

El 18 de junio de 1971, seis días después de la masacre, el coronel Manuel Díaz Escobar dijo haberse enterado por los medios de comunicación de la supuesta existencia de los Halcones, pero que estos eran producto de "la imaginación popular". Añadió que, si el grupo era real, él no estaba vinculado con ellos.[41] A pesar de negar la existencia de los Halcones, tiempo después del ataque varios miembros de este grupo de choque identificaron a Díaz Escobar como el encargado de capacitarlos y coordinar sus intervenciones en mítines y marchas, de acuerdo con documentos del Archivo General de la Nación. El militar era conocido como "El Maestro" por miembros de los Halcones.

Declaraciones como las de Martínez Domínguez y Díaz Escobar evidencian el lado oscuro y siniestro de los altos funcionarios mexi-

---

39 *Excélsior* (11 de junio de 1971). *Responsabiliza AMD a Facciones Divergentes.*
40 México: Comité 68 Pro Libertades Democráticas A.C. (2008). 4. *El diez de junio de 1971 y la disidencia estudiantil.* Informe final de la Fiscalía Especial para Movimientos Sociales y Políticos del Pasado (FEMOSPP). Informe histórico presentado a la sociedad mexicana: Fiscalía Especial. [Nota del autor: La declaración del regente citada en este informe fue tomada originalmente de una tarjeta informativa en los archivos de la Dirección Federal de Seguridad que contiene una entrevista a Martínez Domínguez el 11 de junio de 1971].
41 Ibid.

canos al difundir información falsa al más puro estilo maquiavélico respecto al uso de la mentira a fin de influenciar las noticias que se publicarían en la prensa, y así manipular y confundir a la opinión pública. Su propósito era encubrirse ellos mismos y continuar desprestigiando el movimiento estudiantil, reprimir con violencia a los jóvenes estudiantes, y disolver sus manifestaciones empleando, entrenando y lanzando a las calles fuerzas paramilitares disfrazadas de "estudiantes de tendencias políticas contrarias". Según Heberto Castillo, Martínez Domínguez le confió en una reunión personal en 1978 que Echeverría le había ordenado declarar esa información, y que el presidente era el único responsable de ordenar el ataque a los estudiantes.[42]

Más tarde se conocería que el nombre de este grupo paramilitar era, en efecto, "Halcones". Algunos de los miembros de este batallón paramilitar fueron entrenados en Estados Unidos, aunque ninguno de ellos participó en el Halconazo, ya que el primer grupo de miembros de este grupo aún se encontraba recibiendo capacitación en Estados Unidos el 10 de junio de 1971.

Tras la agresión inicial con las armas de madera y de otro tipo, se llevó a cabo un tiroteo intermitente. Se estima que unos 120 manifestantes fueron muertos, entre ellos un menor de edad. La cifra exacta es imposible de precisar. Muchos otros fueron heridos y transportados al Hospital General Rubén Leñero o al hospital de la Cruz Verde para ser atendidos, pero según testigos, miembros de los Halcones llegaron al hospital y remataron o se llevaron a algunos de ellos, según reportes del personal médico. Según la información compartida a Castillo

---

42   Castillo, Heberto (9 de junio de 1979). *La matanza fue preparada por Luis Echeverría*. Trama de la matanza del 10 de junio. Martínez Domínguez manipulado y desechado. *Proceso*. Número 136.

por Martínez Domínguez, que *Proceso* publicó como "entrevista" en junio de 1979, el regente y otros funcionarios mantenían una junta con Echeverría sobre otro tema mientras se llevaba a cabo el ataque contra los manifestantes. La reunión era interrumpida constantemente para que el presidente fuera informado sobre lo que sucedía. Martínez Domínguez afirma que él y los otros funcionarios escuchaban al presidente dar órdenes, entre ellas la de llevar los cuerpos de los muertos en el ataque al Campo Militar para ser quemados. "Quemen a los muertos. Que nada quede. No permitan fotografías...", fueron palabras que el regente afirmó haber escuchado repetidamente de boca del presidente, las que compartió en su reunión informal con Castillo.[43] Las presuntas órdenes del presidente revelan que en el Halconazo se habrían llevado a cabo tácticas de destrucción de evidencia y cadáveres similares a las de la masacre del 2 de octubre de 1968. Ambas masacres y su encubrimiento delatan el sello inconfundible de Luis Echeverría. El ataque directo contra los periodistas y el decomiso o destrucción de las cámaras de varios camarógrafos y fotorreporteros delata órdenes precisas de evitar que el ataque fuera documentado y posteriormente publicado.

En perspectiva, la rivalidad política entre Echeverría y Martínez Domínguez, el encono del ex Jefe del Departamento del Distrito Federal por haber sido obligado a renunciar (después de solo de siete meses de ocupar el cargo), y la comprobada falsedad de las declaraciones hechas por ambos políticos, arroja una sombra de duda sobre la veracidad de lo dicho por cualquiera de los dos. Tanto Echeverría como Martínez Domínguez tuvieron motivos de sobra para deslindarse de sus accio-

---

43   Ibid., p. 42

nes en la matanza del 10 de junio, así como acusarse mutuamente para tal efecto. Ambos eran políticos consumados en el uso de la mentira y el engaño oficial.

En las secuelas del Halconazo, Martínez Domínguez, y el jefe de la policía, Rogelio Flores Curiel, fueron obligados a renunciar por el presidente Echeverría, pero ninguno de ellos fue oficialmente responsabilizado, acusado o castigado por el ataque contra los estudiantes. Otros funcionarios del gobierno renunciarían posteriormente, como el procurador general Julio Sánchez Vargas. El coronel Díaz Escobar permaneció en el DDF hasta 1973, cuando fue enviado a Chile como agregado militar.[44] Escobar fue después condecorado por el presidente José López Portillo, mientras que Martínez Domínguez se convirtió en gobernador de su estado natal, Nuevo León, en 1979.

Escenas del ataque grabadas por diferentes medios con película y fotografías muestran segmentos de lo que evidentemente se trató de un ataque bien coordinado. Aun en medio del caos que se generalizó en el área donde se desarrollaba la marcha, es posible determinar que el ataque se ejecutó como se planeó, y que no se trató de la farsa gubernamental del gobierno en el sentido de que había sido un enfrentamiento entre dos bandos contrarios de estudiantes, sino más bien de un solo grupo agresor y el otro, víctima de la agresión.

La estratagema del gobierno de ordenar que los Halcones vistieran con ropa de civil para hacer creer que eran estudiantes fue evidente desde el principio, pero paulatinamente se fue comprobando que el gobierno había sido el autor intelectual y material de la masacre, y

---

44   Castillo García, Gustavo (9 de junio de 2008). *El halconazo, historia de represión, cinismo y mentiras se mantiene impune. La Jornada.* URL: https://www.jornada.com.mx/2008/06/09/index.php?article=018n1pol&section=politica

que los Halcones no eran estudiantes rivales de los manifestantes sino matones a sueldo. No obstante, pasarían décadas para que muchos de estos detalles salieran a la luz, desde información confidencial sobre la creación de este grupo paramilitar, hasta el encubrimiento oficial para tratar de ocultar que el ataque contra los manifestantes se había fraguado desde los altos mandos del gobierno y con el conocimiento y autorización del presidente Echeverría.

Revelación de documentos confidenciales

Tres décadas después del Halconazo, documentos confidenciales de los Archivos Nacionales del gobierno estadounidense fueron dados a conocer, los cuales confirman que el gobierno de México estuvo detrás de la creación y organización de los Halcones.

Los documentos fueron escritos desde la Embajada de Estados Unidos en el Distrito Federal, y la mayoría de ellos firmada por el embajador en turno, Robert Henry McBride, quien se desempeñó en ese cargo diplomático de 1969 a 1974.

Con base a la información contenida en esos documentos de correspondencia oficial entre la embajada y el Departamento de Estado de EE.UU. –dirigido por Henry Kissinger en la capital estadounidense–, se sabe que en enero de 1971 el gobierno de México solicitó al de Estados Unidos capacitar a un grupo de 15 a 17 mexicanos en técnica policial y control de multitudes en el contexto de manifestaciones estudiantiles y disturbios. México solicitaba que el grupo fuera entrenado en Estados Unidos, y se proyectaba que este tendría un papel importante en la policía de la Ciudad de México, la cual, según el documento, supuestamente sería reformada durante el sexenio de Echeverría.

Esto demuestra que mientras el presidente Echeverría hablaba de conciliación con los estudiantes, su gobierno solicitaba un entrenamiento más especializado con la ayuda del de Estados Unidos para detener y reprimir la protesta estudiantil cuando y donde esta surgiera.

El grupo ya existía, era denominado los Halcones, contaba con unos dos mil miembros en sus filas y estaba en la nómina del Departamento del Distrito Federal. Al mando de ellos estaba el coronel Díaz Escobar (el mismo que afirmó que el grupo de choque era producto de la imaginación popular, y a quien la embajada identificó como su líder). Años antes, el militar había formado y dirigido al Batallón Olimpia, otro grupo paramilitar que se encargó de la represión y matanza del 2 de octubre en Tlatelolco, como parte de la "Operación Galeana". En 1971, Díaz Escobar fungía como subdirector de Servicios Generales del Departamento del Distrito Federal, un cargo público que servía como frente, pero cuya verdadera función era el reclutamiento, entrenamiento y despliegue de los Halcones.

Previo a la Matanza del Jueves de Corpus, integrantes de los Halcones ya habían sido responsables de reprimir en la ciudad de México otros mítines estudiantiles como el del 4 de noviembre de 1970 ya mencionado. En ese incidente, los atacantes también utilizaron varas de bambú en la represión, y fueron descritos por los estudiantes como "matones entrenados por el ejército".[45] Sin duda se trató del mismo grupo de choque que ejecutó la desarticulación violenta de la marcha estudiantil.

---

45   U.S. Embassy in Mexico (January 6, 1971). Confidential airgram [Aerograma confidencial]. *Special Observation and Training Program in Police Activities* [Programa especial de observación y capacitación en actividades policiales].

Según el telegrama de la Embajada de Estados Unidos dirigido al Departamento de Estado, con el grupo de los Halcones el gobierno de México sustituía al de los porros que operaban en la UNAM y en las escuelas preparatorias de la Ciudad de México, y cuya tarea era descubrir e identificar a los líderes estudiantiles de izquierda y antigubernamentales, para luego tratar con ellos al margen de la ley.

Entre el primer grupo que sería enviado a Estados Unidos estarían cuatro o cinco jóvenes oficiales del ejército, tres estudiantes de la UNAM (presuntamente infiltrados en organizaciones estudiantiles), y de ocho a 10 jóvenes que serían entrenados para "posiciones importantes" (posiblemente como subjefes de los Halcones). El grupo operaría totalmente fuera del Departamento de Policía del Distrito Federal regular, y sus edades indicaban que estos jóvenes tomarían posiciones de liderazgo y entrenarían a nuevos halcones. Toda esta información en relación al entrenamiento de los Halcones por parte del gobierno de Estados Unidos se desprende de un telegrama confidencial enviado al Departamento de Estado de EE.UU. por la embajada de este país en México el 6 de enero de 1971, cinco meses antes del Halconazo.[46]

En otro comunicado fechado el 11 de febrero de 1971 en la embajada, México daba a conocer los nombres de los primeros cinco mexicanos que viajarían el 8 de marzo de 1971 a Washington, D.C. para comenzar el entrenamiento. La lista la componían los siguientes individuos: Teniente Javier Castellanos Agüero, Teniente José L. Ponce Lara,

---

46   Doyle, Kate (June 10, 2003). *The Corpus Christi Massacre, Mexico's Attack on its Student Movement, June 10, 1971* [La masacre de Corpus Christi El ataque de México a su movimiento estudiantil, 10 de junio de 1971]. The National Security Archive [El Archivo de Seguridad Nacional].

Teniente Moisés Cuauhtémoc Guzmán Torres, Agente Manuel Díaz Escobar Celorio (hijo del coronel Díaz Escobar, jefe de los Halcones) y Agente Daniel Rubio Cabrera. Todos ellos estaban empleados por la policía metropolitana, servían en la fuerza policial antidisturbios (granaderos), y habían recibido capacitación durante un año de servicio en México. Se proyectaba que el grupo de cinco retornaría a México el 9 de julio de 1971.

En otro resumen detallado de los eventos de 1971, la embajada estadounidense concluye que muchas preguntas sobre la masacre del 10 de junio quedarían sin respuesta para siempre. "Muchos aspectos del incidente son oscuros o controvertidos o ambos, y sin duda lo seguirán siendo. Entre ellos se encuentra el número real de víctimas, que según algunas estimaciones excedió 100 personas asesinadas o 'desaparecidas'; si Echeverría conocía o aprobaba personalmente el empleo de los Halcones contra los manifestantes y si planeó todo el incidente para crear un pretexto para la destitución de Martínez Domínguez".[47]

El 11 de junio de 1971, un día después de la represión y matanza contra los manifestantes, el grupo de los Halcones fue desintegrado, y se ordenó que los campos de entrenamiento del grupo de choque se desmontaran.[48] Los Halcones habían sido identificados gracias a las fotografías tomadas por los fotógrafos de la prensa, entre ellos las de Armando Lenin Salgado –colaborador de TIME-LIFE y de revistas mexicanas–, por lo que la farsa gubernamental de que en la nómina los

---

47   Ibid., p. 36

48   Castillo García, Gustavo (9 de junio de 2008). *El halconazo, historia de represión, cinismo y mentiras se mantiene impune. La Jornada*. URL: https://www.jornada.com. mx/2008/06/09/index.php?article=018n1pol&section=politica

esbirros eran trabajadores de limpieza quedó al descubierto. Disuelto el grupo, se les entregó un pago de indemnización e informó que sus documentos personales habían sido destruidos.[49]

El papel del gobierno en el Halconazo resultó tan evidente y obvio que el ataque tuvo un efecto autodestructivo en el grupo paramilitar que lo perpetró. La flagrancia del ataque y el crudo terrorismo de Estado empleado contra civiles desarmados por los Halcones fueron, por tanto, su propio mecanismo de autodestrucción. La represión del gobierno continuaría en el contexto de la Guerra Sucia durante el período de finales de la década de 1960 hasta principios de los años ochenta. Ejecutada por la Dirección Federal de Seguridad (DFS) –una agencia de inteligencia y policía secreta–, esta campaña del gobierno para combatir la subversión y amenazas terroristas en el país, realizó torturas, asesinatos, desapariciones forzadas y detenciones extrajudiciales.[50]

Tras el Halconazo, la violencia inconfundible del gobierno de Echeverría continuaría hasta el final de su sexenio. Después de que algunos participantes de la marcha del 10 de junio se aliaran con movimientos guerrilleros en provincia, los disturbios comenzaron a registrarse en muchos estados del país. El grupo de los Halcones había dejado de existir, pero el concepto de represión se aplicaría en un nuevo grupo de choque: la Brigada Blanca, ordenada por Echeverría para combatir los movimientos guerrilleros en México. Sus tácticas

---

49   México: Comité 68 Pro Libertades Democráticas A.C. (2008). *4. El diez de junio de 1971 y la disidencia estudiantil.* Informe final de la Fiscalía Especial para Movimientos Sociales y Políticos del Pasado (FEMOSPP). Informe histórico presentado a la sociedad mexicana: Fiscalía Especial.
50   Doyle, Kate (12 de marzo de 2006). *Informe sobre 'La Guerra Sucia'.* El expediente de la FEMOSPP. *Reforma.*

incluyeron el arresto, tortura y desaparición de cientos de mexicanos a fin de eliminar actos de subversión y conflicto.[51]

La revista *Time* y su reporte sobre el Halconazo

Mientras las autoridades del Departamento del Distrito Federal se aferraban a encubrir y mentían desvergonzadamente acerca de la represión violenta del 10 de junio, algunos medios de comunicación extranjeros como la revista *Time* reportaban el ataque del gobierno.

En su edición del 21 de junio de 1971, el semanario de noticias estadounidense publicado en Nueva York incluía en su sección *The World* (El Mundo) un breve reporte acerca de un ataque realizado por de "un grupo élite del ejército mexicano" conocido como los Halcones, bajo el encabezado *The Fearsome Falcons* (Los temibles halcones).[52] La nota, publicada por el influyente semanario diez después de la masacre, incluía tres fotografías que demostraban de forma indudable la participación no sólo de agresores con varas de bambú, sino de francotiradores que disparaban abiertamente en contra de los manifestantes.

El autor de las fotografías publicadas por la revista fue el fotoperiodista Salgado, colaborador del semanario. Salgado fue el mismo fotógrafo que logró tomar fotografías en la sierra del estado de Guerrero del guerrillero mexicano Genaro Vázquez Rojas –lo que le

---

51   DeTura, Megan (May 16, 2013). *From Police to Paramilitaries: An Analysis of the Mexican Dirección Federal de Seguridad (DFS)* [De policías a paramilitares: un análisis de la Dirección Federal de Seguridad (DFS) de México]. *Esferas.* The Undergraduate Student Journal of New York University's Department of Spanish and Portuguese [La revista de estudiantes de pregrado del Departamento de Español y Portugués de la Universidad de Nueva York]. URL: https://wp.nyu.edu/esferas/past-issues/critical/from-police-to-paramilitaries-an-analysis-of-the-mexican-direccion-federal-de-seguridad-dfs/
52   *Time* (June 21, 1971). *The Fearsome Falcons*. The World. Mexico.

costó ser torturado durante días por autoridades del gobierno–, así como imágenes de las actividades clandestinas de la guerrilla en Colombia.

Fuera del control y censura del gobierno mexicano, *Time* reportaba que la marcha se dirigía al Monumento a la Revolución y que, entre otras razones, los manifestantes protestaban en contra del encarcelamiento de 40 estudiantes arrestados durante el movimiento estudiantil en octubre de 1968, esto es, a favor de la libertad de presos políticos.

"De repente, como a modo de señal, oleadas de hombres con varas de bambú y palos salieron de los autobuses pintados de gris que esperaban en una calle cercana gritando '¡Halcones! ¡Halcones!'", refiere el reporte de *Time*.[53]

A partir de la información de la revista, el Halconazo fue descrito con las siguientes características: los miembros de este grupo paramilitar iniciaron su embestida golpeando a los estudiantes; una segunda ola de halcones apareció armada de carabinas M-2 y ametralladoras; los atacantes ejecutaron sus movimientos de manera militar; aproximadamente mil halcones habrían participado en la agresión; los halcones estaban entrenados en el arte japonés de pelear con bambú; grupos de halcones invadieron el Hospital Rubén Leñero (adyacente a la Escuela Nacional de Maestros y ubicado en el área del ataque), donde muchos de los heridos habían sido trasladados, llevándose a los heridos que podían caminar; y, la policía de la ciudad de México (los granaderos) no hizo ninguna maniobra para intervenir y detener el ataque.

Según *Time*, un portavoz del presidente Echeverría responsabilizó a quienes perpetraron el Halconazo a miembros de un grupo de estudiantes de derecha conocido como MURO (siglas del Movimiento

---

53   Ibid., p. 39

Universitario de Renovadora Orientación), un grupo de choque estudiantil.

La información de *Time* revela que las sospechas fundadas de que el gobierno del Distrito Federal había orquestado el Halconazo se hicieron patentes inmediatamente después del ataque, lo que llevó a la renuncia días después de Martínez Domínguez, quien negó que los Halcones formaran parte de la nómina del Departamento del Distrito Federal. Lo publicado en esa edición de la revista *Time* constata lo que décadas más tarde se comprobó, tras darse a conocer los archivos secretos del gobierno mexicano.

Las tres fotografías de Salgado publicadas por *Time* muestran a un francotirador de pie apuntando con un rifle, después hincado sobre la banqueta disparando a través de la cerca de la Escuela Normal Superior de México y luego huyendo del lugar. Salgado obtuvo las reveladoras imágenes desde una azotea en un edificio cercano, desde donde después se deslizó para esconderse durante horas. Su relato es por demás revelador: «Corrimos a refugiarnos en una casa de tres pisos...en su interior ya se encontraban muchos jóvenes, golpeados y sangrando. Subimos a la azotea y desde ahí se miraba un panorama desolador: la marcha ya no existía y los halcones se dedicaban a golpear cuanta persona se les ponía enfrente. Los [rifles] M-1 y otras armas de alto poder las poseían unos sujetos que...no tenían nada de estudiantes ni mucho menos de camorristas cualquiera. Con el telefoto empecé a tomar cuanta foto pude para no perder detalle...los halcones se dedicaban a romper los vidrios de autos estacionados; otros, rifle en mano, disparaban, desde sus rejas, al interior de la Escuela Nacional de Maestros».[54]

---

54   Salgado, Armando Lenin (2014). *Una vida en guerra: Cuando el genocidio tuvo permiso*. Los Halcones vuelan hacia la muerte. Editorial Paradigma.

El trabajo fotográfico de Salgado y la información detallada de *Time* expuso el terrorismo de Estado perpetrado por el gobierno mexicano a nivel internacional. La astucia de los funcionarios públicos involucrados en crear la trama siniestra de una pelea entre "grupos estudiantiles de diversas tendencias" fue ampliamente superada por su torpeza, lindante en la estupidez, dejando a su fallido y mediocre libreto de represión simulada expuesto al ridículo y sus acciones impunes sujetas al juicio de culpabilidad del pueblo mexicano. Medio siglo después del Halconazo, la sentencia moral y condena pública contra todos los culpables se agranda.

Conclusión

Al igual que la masacre del 2 de octubre de 1968, el Halconazo del 10 de junio de 1971 permanece en la memoria histórica de México como uno de los actos más repudiados cometidos por el gobierno en contra de civiles desarmados en la década de 1970. La acción violenta y mortal en contra de manifestantes pacíficos el Jueves de Corpus Christi llevó el sello inconfundible de exfuncionarios del gobierno de Gustavo Díaz Ordaz, principalmente de Luis Echeverría Álvarez, que en su papel de Secretario de Gobernación tres años atrás jugó sin ningún lugar a dudas en la planeación de la matanza de estudiantes en Tlatelolco el 2 de octubre. Instalado en el poder ejecutivo desde diciembre de 1970, Echeverría se determinó a reprimir cualquier brote de protesta estudiantil durante su sexenio, y la marcha del 10 de junio le dio el escenario sociopolítico ideal para emplear sus mecanismos de represión social en contra de los estudiantes. El método represivo empleado por quienes planearon directamente el ataque mediante grupos de choque vestidos de civiles para hacerlos pasar por estudiantes, no solo demostró uno de los aspectos más siniestros del gobierno, sino una táctica tan burda y mal desplegada que no pudo sostenerse más de un día tras el Halconazo. La fórmula de usar jóvenes contra jóvenes y supuestos estudiantes contra estudiantes genuinos resultó contraproducente.

No obstante, la represión estudiantil del 10 de junio, así como subsecuentes actos del gobierno en contra del movimiento estudiantil, fueron un golpe contundente y desestabilizador para un movimiento ya herido que buscaba reorganizarse y revitalizarse. Para los estudiantes que organizaron y participaron en la manifestación del 10 de junio, la marcha del Jueves de Corpus significaba un primer paso para reconstruir su movimiento y probar su fuerza en la arena política.[55] Sin embargo, sus metas no avanzaron.

Este acto de terrorismo de Estado orilló a los jóvenes más radicales y militantes a actuar de manera clandestina para continuar su lucha. La organización estudiantil después de la masacre perpetrada por los Halcones se abrió paso a la creación de otros grupos que vieron la ruta de la protesta pública pacífica bloqueada, y optaron por tomar el camino de un movimiento de autodefensa armado. Los estudiantes concluyeron que el camino del diálogo y el ejercicio de sus libertades civiles era en realidad un callejón sin salida. Muchos optaron por abandonar las formas políticas democráticas para adoptar acciones más extremas.[56]

---

55   Hellman, Judith Adler (1988). *Mexico in Crisis. The Echeverría Regime, The Limits of Reform* [México en crisis. El régimen de Echeverría, los límites de la reforma]. Second Edition with an Afterword [Segunda edición con epílogo]. Holmes & Meier.
56   Molina Iglesias, Luis Enrique, Editor (2004). *El milagro mexicano.* Enciclopedia de México. Contemporáneo. Tomo VI. Editorial Reymo.

El legado del Halconazo no solo debe ser el de un episodio de la historia de México que sintetiza la represión, el autoritarismo y la impunidad de la política del sexenio de Luis Echeverría, ni el de un ataque brutal de un grupo paramilitar en contra de manifestantes pacíficos, sino una herencia de lucha popular que además de honrar la memoria de todas las víctimas de este acto de terrorismo de Estado, motive a los jóvenes mexicanos de la actualidad a analizar cómo se comportaron los gobiernos y las personas del pasado inmediato para obtener los datos que los ayuden a comprender su presente y proyectar su futuro. Después de todo, fueron jóvenes quienes luchaban por sus demandas estudiantiles, y jóvenes marginados y manipulados por el gobierno los que los reprimieron.

(Las citas de fuentes en inglés fueron traducidas al español por el autor.)

TEXTOS COMPLEMENTARIOS

LUIS ECHEVERRÍA ÁLVAREZ

Su papel en las masacres de Tlatelolco y el Jueves de Corpus

LUIS ECHEVERRÍA ÁLVAREZ NACIÓ EL 17 DE ENERO DE 1922 EN LA Ciudad de México. Cursó estudios de Derecho en la Universidad Nacional Autónoma de México (UNAM), obteniendo el título de abogado. Se formó en las filas del Partido Revolucionario Institucional (PRI), convirtiéndose en el secretario particular del presidente del partido, el general Rodolfo Sánchez Taboada. Más tarde, Echeverría fungió como Secretario de Gobernación durante el mandato del presidente Gustavo Díaz Ordaz, quien ocupó el cargo de 1964 a 1970.

En 1968, Luis Echeverría mantuvo una línea dura en contra de los manifestantes estudiantiles, año en que se celebrarían los Juegos Olímpicos en la Ciudad de México. Los enfrentamientos entre el gobierno y los estudiantes culminaron con la masacre de Tlatelolco en octubre de 1968.

Echeverría ordenó el despliegue del ejército mexicano al estado de Guerrero para combatir grupos guerrilleros y rebeldes que operaban allí, entre ellos Lucio Cabañas. Durante su periodo en Gobernación, la fuerza aérea presuntamente usó napalm contra comunidades rurales en Guerrero, una sustancia muy inflamable que se utiliza para cargar bombas y proyectiles incendiarios.

En 1970 Echeverría fue elegido presidente, cargo que ocupó hasta 1976. Durante su presidencia ocurrió otra masacre, la de Corpus Christi, también conocida como el Halconazo.

La masacre de Tlatelolco en 1968

La masacre de Tlatelolco se perpetró la noche del 2 de octubre de 1968 en la Plaza de las Tres Culturas, en el complejo habitacional Tlatelolco. La cifra de muertos nunca se pudo establecer con certeza, pero la mayoría de las fuentes civiles afirma que fue de entre 200 a 300 muertos. Muchos más resultaron heridos y miles fueron arrestados.

La masacre fue la culminación de meses de disturbios entre estudiantes y fuerzas del gobierno en la capital mexicana, hechos que replicaron manifestaciones estudiantiles y revueltas que estallaron en muchas ciudades del mundo durante 1968.

Los estudiantes mexicanos buscaban aprovechar la atención centrada en la Ciudad de México durante los Juegos Olímpicos de 1968 para proyectar sus demandas al mundo. No obstante, el presidente Díaz Ordaz estaba determinado a detener las manifestaciones a cualquier costo. En septiembre, el presidente ordenó al ejército ocupar las instalaciones de la UNAM, la universidad más grande de América Latina. Los estudiantes fueron golpeados y arrestados indiscriminadamente.

La represión del gobierno no logró disuadir a los estudiantes. La dimensión de las manifestaciones aumentó, hasta que el 2 de octubre, después de huelgas estudiantiles que duraron nueve semanas, 15 mil estudiantes de varias universidades y el politécnico marcharon por las calles de la Ciudad de México. Al caer la noche, cinco mil estudiantes y trabajadores, muchos de ellos con sus esposas e hijos, se congregaron en la Plaza de las Tres Culturas en Tlatelolco para llevar a cabo un mitin.

La masacre comenzó cuando fuerzas del ejército y la policía, dispuestas con carros blindados y tanques, rodearon la plaza y comenzaron a disparar en contra de la multitud, golpeando no sólo a los manifestantes, sino también a civiles, incluyendo niños que no eran parte de la manifestación. La matanza continuó durante toda la noche.

El informe oficial del incidente por parte del gobierno indicó que este actuó después de que provocadores armados entre los manifestantes se habían apostado en los edificios del complejo habitacional de Tlatelolco, y que esos supuestos francotiradores habían sido los primeros en abrir fuego en contra de las fuerzas de seguridad, quienes según el gobierno se vieron obligadas a devolver el fuego.

La masacre del Jueves de Corpus Christi en 1971

El 10 de junio de 1971, siendo ya presidente Echeverría, un número indeterminado de estudiantes que se manifestaban en la Ciudad de México fueron asesinados y decenas más resultaron heridos mientras protestaban para presionar al gobierno a destinar más fondos para la educación, entre otras demandas.

Este incidente llegó a conocerse como la Masacre de Corpus Christi, ya que se perpetró el día de la celebración religiosa. También se le conoce con el nombre de Halconazo, ya que las fuerzas especiales del gobierno que atacaron a los estudiantes eran conocidas como los Halcones. Los Halcones vestían de civil, pero se descubrió que eran miembros de fuerzas de seguridad clandestinas del Estado.

Varios informes indican que durante la llamada Guerra Sucia del gobierno mexicano contra la izquierda mexicana a fines de la década de 1960 y en la de 1970, más de 500 personas fueron víctimas de desapariciones forzadas, y que la mayoría de finalmente fueron asesinadas.

Echeverría es llevado a juicio tres décadas después

En octubre de 1997, el Congreso mexicano creó un comité para investigar la masacre de Tlatelolco. Echeverría reconoció en ese momento que los estudiantes no estuvieron armados, y que la acción militar se había planificado de antemano, con el objetivo de destruir el movimiento estudiantil.

Antes de comenzar su presidencia a finales del año 2000, Vicente Fox prometió iniciar una investigación sobre los actos de represión cometidos durante la época de la Guerra Sucia, así como llevar a sus autores ante la justicia por medio de una Comisión de la Verdad, que incluiría miembros de la sociedad civil. En noviembre de 2001, Fox decidió designar a un Fiscal Especial, bajo el título de Fiscalía Especial para Movimientos Sociales y Políticos del Pasado (FEMOSPP).

De acuerdo con una resolución del Tribunal Superior en noviembre de 2003, no había prescripción para los delitos de secuestro y desaparición forzada, ya que tales casos aún se consideran en revisión mientras no se haya encontrado a la víctima.

El proceso jurídico contra Echeverría

El 23 de julio de 2004, el Fiscal Especial emitió un acta de acusación contra Luis Echeverría por genocidio y exigió su arresto por el asesinato de 25 estudiantes, así como por las severas golpizas infligidas a docenas más durante la masacre de Corpus Christi del 10 de junio de 1971.

La evidencia contra Echeverría se basó en documentos que mostrarían que estaba a cargo de las fuerzas especiales que cometieron la masacre, y que había recibido informes regulares sobre el incidente y sus secuelas de parte del jefe de la policía secreta. En ese momento, el gobierno afirmó que tanto las fuerzas policiales como los manifestantes habían sido atacados por civiles armados y que habían sido arrestados y declarados culpables, pero posteriormente liberados como consecuencia de una amnistía general.

El 24 de julio de 2004, el juez de turno se negó a emitir una orden de arresto contra Echeverría por problemas relacionados con la prescripción de los crímenes detallados en el acta de acusación, y rechazó los argumentos del Fiscal Especial con respecto a circunstancias especiales en relación a actos de genocidio.

El 24 de febrero de 2005, el Tribunal Superior decidió en apelación, por cuatro votos contra uno, que la Ley de prescripción (30 años) había expirado en el momento en que se iniciaron los procedimientos, y que la ratificación por el Congreso mexicano en 2002 del Convenio de la ONU sobre la inaplicabilidad de limitaciones legales a crímenes de guerra y crímenes de lesa humanidad de 1968, (firmado por el presidente el 3 de julio de 1969, pero ratificado solo el 10 de diciembre de 2001), no podía aplicarse retroactivamente, ya que la retroactividad era inconstitucional.

El 22 de junio de 2005, el Tribunal Superior revisó su decisión y concluyó que no existía una prescripción con respecto a los delitos en cuestión, anulando así su propia decisión adoptada en febrero. Por lo tanto, una jurisdicción inferior tendría que decidir si existía o no un caso para iniciar un proceso contra Luis Echeverría. Posteriormente, un tribunal de apelaciones emitió un fallo sorpresivo de que sí había pruebas suficientes para respaldar los cargos de genocidio. El 30 de junio de 2006, se ordenó el arresto domiciliario en contra de Echeverría.

No obstante, el 8 de julio de 2006, un juez federal en México anuló las acusaciones de genocidio contra Echeverría por su presunta participación en una masacre de estudiantes en 1968, quien dictaminó que se había excedido la ley de prescripción.

Sin embargo, el 29 de noviembre de 2006, esta decisión fue revocada y se emitió una orden de arresto contra Echeverría, quien por problemas de salud, fue puesto bajo arresto domiciliario en noviembre de 2006.

Tribunal exonera de genocidio a Luis Echeverría

El 12 de julio de 2007, un tribunal federal mexicano concluyó que la masacre del 2 de octubre de 1968 constituía un genocidio, ya que las autoridades gubernamentales habían tomado una acción premeditada y coordinada con la intención de exterminar a un grupo nacional de estudiantes de diferentes universidades.

Sin embargo, el tribunal rechazó los cargos contra Luis Echeverría. Según el juez, el Fiscal del Estado no había podido presentar pruebas que vincularan a Echeverría con la preparación, concepción o ejecución del genocidio. Como consecuencia, el tribunal ordenó su liberación del arresto domiciliario.

El 26 de marzo de 2009, el Tribunal Federal decretó la libertad total de Echeverría y lo exoneró de cargos de genocidio por la masacre de Tlatelolco.

Al conmemorarse cincuenta años de la masacre Corpus Christi, Echeverría contaba con 99 años de edad. Su última aparición pública fue el 16 de abril de 2021, cuando acudió a recibir la segunda dosis de su vacuna contra el COVID-19 en el Estadio Olímpico de Ciudad Universitaria, en la Ciudad de México, en donde fue fotografiado.

Luis Echeverría Álvarez murió en su casa de Cuernavaca, Morelos, el 8 de julio de 2022 a la edad de 100 años. El exmandatario había sido hospitalizado por problemas pulmonares en 2018 y tuvo padecimientos neurológicos en los últimos años. En el momento de su muerte era el presidente vivo más longevo de México. Fue incinerado en un funeral privado el 10 de julio.

Tras el deceso de Echeverría, Félix Hernández Gamundi, uno de los líderes estudiantiles que sobrevivió la masacre del 2 de octubre de 1968 en la Plaza de las Tres Culturas, declaró a *The Associated Press* que el expresidente nunca asumió su responsabilidad ni rindió cuentas por sus actos, valiéndose de su enorme poder político. "Nosotros, desde luego, no lloramos su muerte", puntualizó.[1]

---

1 Castillo, E. Eduardo y Stevenson, Mark (9 de julio de 2022). *México: Muere Echeverría, expresidente acusado por masacres. The Associated Press*. URL: https://apnews.com/article/noticias-8450b8d065147e236142121090d15ecb

GUSTAVO DÍAZ ORDAZ

Su papel en la masacre del 2 de
octubre de 1968 en Tlatelolco

PARA MÉXICO, 1968 ESTABA DESTINADO A SER EL AÑO EN QUE EL PAÍS
sería recordado y reconocido por la organización y celebración
de los Juegos Olímpicos, los primeros en su historia. El evento deportivo serviría como un escaparate ideal para que el gobierno del presidente Gustavo Díaz Ordaz proyectara una nueva imagen de la nación
al mundo, una de paz, progreso y crecimiento económico.

No obstante, la realidad social en México era una contraria a la que
el gobierno del presidente se esmeraba en plasmar. Si bien se habían
logrado avances en el plano económico y la capital del país transforma-
ba su imagen en una de prosperidad y competitividad, serios problemas
sociales fundamentales mantenían al país al margen de otras naciones.

Desafortunadamente para los planes de Díaz Ordaz, 1968 se
convertiría en uno de los años más tumultuosos de la historia del país,
caracterizado entre otras cosas por un espíritu de rebelión juvenil que
se extendió por países de todo el mundo. El México que concebía Díaz
Ordaz no escaparía de esta tendencia.

Protestas en todo el mundo

Las protestas ocurridas en grandes ciudades del mundo desde el principio de 1968 dieron pie a una escalada mundial de conflictos sociales, en su mayoría caracterizados por rebeliones populares contra las élites militares y gubernamentales, y a su vez estas respondieron con una escalada de represión política en contra de los manifestantes.

La oleada mundial de protestas se ha atribuido a cambios sociales que surgieron durante las dos décadas posteriores al final de la Segunda Guerra Mundial, y muchas de ellas se suscitaron en respuesta directa a injusticias percibidas en la sociedad de los países en donde las multitudes hicieron oír sus voces de inconformidad.

Díaz Ordaz conocía esta situación. En su informe de gobierno de 1968 dijo: "Habíamos estado provincianamente orgullosos y candorosamente satisfechos de que, en un mundo de disturbios juveniles, México fuera un islote intocado".

En esa ocasión, el presidente se refirió a la situación que prevalecía en México debido al movimiento estudiantil justo cuando estaban a punto de celebrarse las Olimpiadas al decir: "Los desórdenes juveniles que ha habido en el mundo han coincidido con frecuencia con la celebración de un acto de importancia en la ciudad donde ocurren".

Citó como ejemplos de aquellos desórdenes conflictos estudiantiles suscitados en Uruguay tras el anuncio de la reunión de los presidentes de América, así como las charlas sostenidas en París, que buscaban detener el conflicto armado en Vietnam, y que, en la opinión de Díaz Ordaz, "fueron oscurecidas por la llamada 'revolución de mayo'".

Represión violenta de Díaz Ordaz a las protestas

El presidente, quien ocupó la silla presidencial de 1964 a 1970, tampoco desconocía cómo los gobiernos habían respondido para aplacar las protestas, al grado que su gobierno fue marcado por las protestas estudiantiles de 1968, y principalmente por la represión por parte del Ejército y las fuerzas del Estado que produjo la masacre del 2 de octubre en la Plaza de las Tres Culturas, en el complejo habitacional Tlatelolco.

Díaz Ordaz dejó demostrado con la sangre de lo que se estima fueron cientos de víctimas masacradas la noche del 2 de octubre hasta dónde estuvo dispuesto a llegar su gobierno para proteger la celebración de los Juegos Olímpicos. Después de todo, aquella sería la primera y única vez que los juegos se llevaron a cabo en América Latina.

El afán del gobierno de Díaz Ordaz era mostrar al mundo que la economía de México estaba creciendo rápidamente, y que su reciente modernidad podía incluso organizar un evento tan costoso como el de los Juegos Olímpicos.

Ciudad moderna, gobierno vetusto

Pero aquella modernidad exterior contrastaba con la política del sexenio de Díaz Ordaz que se venía arrastrando desde el pasado. En 1968 el país era gobernado por un partido político único –el Partido Revolucionario Institucional–, los medios de comunicación o eran censurados o servían a los intereses del gobierno, y para reprimir toda oposición al poder oficial existía un aparato de seguridad opresivo.

Para la juventud mexicana, 1968 fue el momento propicio para desafiar al viejo y autoritario régimen. Los estudiantes mexicanos se armaron de ánimo suficiente al verse dentro de un contexto mundial de revueltas estudiantiles en otras ciudades del mundo. Además, contaban con el escenario ideal para sus manifestaciones y hacer oír sus demandas: las Olimpiadas.

Pero la protesta estudiantil de los jóvenes mexicanos se topó de frente con un Díaz Ordaz, quien no titubeó en hacer manifiesta su determinación a que nada ni nadie le estropearan los juegos al México que su gobierno presentaba ante el mundo.

La trama de Díaz Ordaz para acabar con el movimiento

El plan de dar fin al movimiento estudiantil se llevó a cabo el miércoles 2 de octubre durante un multitudinario mitin estudiantil el. El tiempo se agotaba para que Díaz Ordaz terminara con las protestas estudiantiles ante la inminente inauguración de las Olimpiadas el 12 de octubre.

Los manifestantes, mezclados con civiles ajenos a las protestas, así como residentes de la unidad habitacional que rodeaba la plaza, fueron emboscados por elementos de las fuerzas de seguridad vestidos de civil y el ejército. Después se supo que los agentes provocadores pertenecían a un grupo llamado "Batallón Olimpia", un escuadrón paramilitar entrenado por el gobierno.

Poco después de las seis de la tarde, estos agentes dispararon en contra de la multitud, provocando que los soldados abrieran fuego con ametralladoras. La gente intentaba huir desesperada.

Tras la brutal represión del gobierno de Díaz Ordaz, la cifra de muertos fue minimizada por las autoridades, que además montaron una trama inverosímil que urdió que los soldados que habían arribado a la gran y última manifestación de aquel movimiento juvenil habían sido atacados por francotiradores. Según el mandatario mexicano, los soldados habían respondido al ataque, causando la muerte de estudiantes y civiles inocentes.

Los medios de comunicación fueron acallados o comprados. La orden gubernamental era ignorar lo sucedido y concentrarse en la celebración de los juegos. El Comité Olímpico Internacional dio luz verde al comienzo de los juegos, y estos se celebraron como estaban programados.

Gustavo Díaz Ordaz murió el 15 de julio de 1979 a los 68 años en la Ciudad de México. Su legado se considera mayormente negativo, al asociársele con la masacre de estudiantes de 1968. A diferencia de Echeverría, en 1969 Díaz Ordaz asumió la responsabilidad –no en el sentido de culpabilidad, sino de cumplimiento– por los hechos del 2 de octubre. "Por mi parte –dijo– asumo íntegramente la responsabilidad: personal, ética, social, jurídica, política e histórica, por las decisiones del Gobierno en relación con los sucesos del año pasado".[2]

El 12 de abril de 1977, en una conferencia de prensa en la Secretaría de Relaciones Exteriores, Díaz Ordaz, tras ser nombrado embajador, declaró, "Estoy muy orgulloso de haber podido ser presidente de la República...Pero de lo que estoy más orgulloso...es del año de 1968 porque me permitió servir y salvar al país, ¡les guste o no les guste!, con algo más que horas de trabajo burocrático [...] afortunadamente salimos adelante".[3]

_____

2   Díaz Ordaz, Gustavo (Septiembre 1, 1969). *Discurso del Lic. Gustavo Díaz Ordaz, al abrir el Congreso sus sesiones ordinarias, el 1 de septiembre de 1969.* URL: https://cede.izt.uam.mx/wp-content/uploads/2023/02/1969-GDO-5o-informe.pdf
3   Olivares Alonso, Emir (16 de octubre de 2018). *Para Díaz Ordaz, la matanza de Tlatelolco sólo ensombreció unos cuantos hogares. La Jornada.* URL: https://www.jornada.com.mx/2018/10/16/politica/016n1pol

TLATELOLCO, 1968-2018

50 años de la masacre del 2 de octubre

EN 2018 SE CUMPLIERON 50 AÑOS DE UNO DE LOS INCIDENTES MÁS espantosos y trágicos en la historia moderna de América Latina, el cual ocurrió en la Ciudad de México: la masacre de estudiantes en Tlatelolco en 1968.

Aquella funesta noche, cientos de mexicanos civiles y desarmados, la mayoría estudiantes, fueron atacados por grupos especiales del gobierno y fuerzas del ejército mexicano, resultando en un terrible baño de sangre. Más de medio siglo después, esta masacre todavía permanece presente en las nuevas generaciones de mexicanos.

Durante los meses anteriores a este ataque a la población civil perpetrado por el gobierno del presidente Gustavo Díaz Ordaz, los estudiantes habían salido a protestar a las calles para llamar la atención del mundo sobre los actos represivos del gobierno contra ellos.

Los manifestantes exigían autonomía para las universidades, el despido del jefe de policía y la liberación de los presos políticos, entre otras demandas expresadas en un pliego petitorio.

Díaz Ordaz contra el movimiento estudiantil

En un esfuerzo por detener las protestas, Díaz Ordaz ordenó la ocupación de la Universidad Nacional Autónoma de México (UNAM), el centro de estudios más grande del país, ubicado al sur de la Ciudad de México. Los manifestantes estudiantiles vieron los Juegos Olímpicos de verano de 1968, que se celebrarían ahí en el mes de octubre, como el foro ideal para mostrar sus demandas ante una audiencia mundial.

Tras una serie de protestas multitudinarias y enfrentamientos durante los meses de julio, agosto y septiembre, el miércoles 2 de octubre miles de estudiantes marcharon por la capital y al anochecer, unos cinco mil manifestantes se congregaron en La Plaza de Las Tres Culturas, en Tlatelolco, para lo que se esperaba fuera otra manifestación pacífica.

Se consuma la matanza contra estudiantes y civiles

Vehículos blindados y tanques del ejército rápidamente rodearon la plaza, y un grupo encubierto del gobierno comenzó a disparar contra la multitud. Las cifras de muertos varían desde la oficial de cuatro muertos y 20 heridos hasta centenares o miles, aunque la mayoría de los historiadores calculan el número de víctimas entre 200 y 300.

Algunos de los manifestantes lograron escapar, mientras que otros se refugiaron en casas y departamentos de los edificios contiguos a la plaza. Una búsqueda puerta por puerta por parte de las autoridades produjo el arresto de algunos de los manifestantes. No todas las víctimas de la masacre de Tlatelolco fueron manifestantes; muchos simplemente estaban pasando por el lugar y les tocó estar en el lugar equivocado en el momento equivocado.

El gobierno mexicano inmediatamente afirmó que las fuerzas de seguridad secretas habían sido atacadas a tiros primero, y que sólo habían disparado en defensa propia. Si las fuerzas de seguridad dispararon primero o si los manifestantes incitaron a la violencia, es una interrogante que cinco décadas más tarde aún no obtiene respuesta precisa.

Luis Echeverría implicado

Cambios posteriores en el gobierno han permitido un mayor escrutinio a los hechos que rodearon aquella brutal masacre. El entonces Secretario de Gobernación, Luís Echeverría Álvarez, fue acusado de genocidio en 2006 en relación con el incidente, pero el caso fue después desechado.

Echeverría, quien como secretario de Gobernación en el momento de la masacre estaba a cargo de la policía y la seguridad interna, responsabilizó de la masacre a Díaz Ordaz.

En 1998, Echeverría afirmó que la única persona que podía haber ordenado que las fuerzas del gobierno dispararan contra los manifestantes era Díaz Ordaz, quien murió en 1979.

A más de cincuenta años, el movimiento estudiantil, así como la masacre de estudiantes en Tlatelolco en 1968, siguen siendo un tema fuerte en la vida y la política mexicanas, no sólo para quienes vivieron ese tiempo, sino para las actuales generaciones, ya que desde aquella fatídica noche se propuso recordarla con la frase "2 de octubre no se olvida".

CRONOLOGÍA DE SUCESOS SOCIOPOLÍTICOS EN MÉXICO

1968–1988

1968

Movimiento estudiantil y masacre en Tlatelolco

EN AGOSTO DE 1968, 500 MIL ESTUDIANTES ORGANIZAN PROTESTAS contra el gobierno en la Ciudad de México. El Consejo Nacional de Huelga (CNH) formula un pliego petitorio que encierra varias demandas, entre ellas la libertad de todos los presos políticos, la disolución del cuerpo policial antimotines (conocido como granaderos), y la derogación de las leyes que penalizan actos de subversión, traición y desorden. Las protestas se llevan a cabo durante los meses previos al inicio de los Juegos Olímpicos de México 1968. El 2 de octubre, el presidente Gustavo Díaz Ordaz decide reprimir el movimiento estudiantil enviando a soldados del ejército armados para disolver una protesta en la que participan unos cinco mil estudiantes reunidos en la Plaza de las

Tres Culturas, en Tlatelolco, en la ciudad de México. Participa también el llamado Batallón Olimpia, creado para la seguridad durante las Olimpiadas, pero desplegado como grupo de choque en esta protesta. Los soldados abren fuego contra la multitud, matando a cientos de civiles.

1969

Desastre en mina de carbón de Coahuila; Carlos Madrazo muere en avionazo; se inaugura la primera línea del Metro; EE.UU. activa la Operación Intercepción contra tráfico de marihuana; Luis Echeverría candidato del PRI a la presidencia

El 31 de marzo de 1969 sucede uno de los peores accidentes en la historia de la minería en México en las Minas de Guadalupe en Barroterán, Coahuila. Se considera el peor desastre en la historia de la minería del carbón en México, en el que 153 mineros perdieron la vida.

El 4 de junio de 1969 pierde la vida en un accidente aéreo el político mexicano Carlos Madrazo Becerra. Quien fuera gobernador de Tabasco y presidente del Partido Revolucionario Institucional viajaba en un avión Boeing 727 en el vuelo 704 de la Compañía Mexicana de Aviación, el cual se estrella en la Sierra del Fraile, cerca de Salinas Victoria, a unos 32 kilómetros al norte de Monterrey, Nuevo León. En total 79 personas a bordo perdieron la vida. Se ha especulado que su muerte podría haberse tratado de un asesinato político a raíz de la campaña reformista que años antes Madrazo había emprendido para intentar democratizar al PRI, así como por ser crítico del sistema político mexicano. En el incidente aéreo también muere el destacado tenista Rafael "Pelón" Osuna.

El 4 de septiembre de 1969 se inaugura la primera sección de la Línea 1 del Servicio de Transporte Colectivo, Metro, en la Ciudad de México. La ceremonia de inauguración presidida por el presidente Gustavo Díaz Ordaz tiene lugar en la estación Insurgentes. Este tramo inicial iba de la estación Chapultepec a la estación Zaragoza. El 5 de septiembre el Metro comenzó sus operaciones al público.

Del 21 de septiembre hasta el 11 de octubre de 1969 se implementa un plan antidroga activado por el presidente de Estados Unidos, Richard Nixon. La llamada Operación Intercepción resulta en el cierre temporal de los cruces fronterizos entre México y Estados Unidos. La iniciativa busca reducir la entrada de marihuana mexicana a Estados Unidos en un momento que se consideraba la mejor temporada de cosecha de la planta de cannabis.

El 8 de noviembre de 1969 se escoge al Secretario de Gobernación, Luis Echeverría Álvarez, como candidato a la presidencia de México por el Partido Revolucionario Institucional (PRI).

1970
Reforma electoral; Luis Echeverría gana elección
presidencial; se abroga el delito de disolución social

El 29 de enero de 1970 el gobierno mexicano reforma la Ley Electoral de 1951 para permitir que ciudadanos de 18 años cumplidos puedan votar en las elecciones gubernamentales.

El 5 de julio de 1970 el candidato del Partido Revolucionario Institucional (PRI), Luis Echeverría Álvarez, gana las elecciones presidenciales. El Partido Popular Socialista (PPS) y el Partido Auténtico de la Revolución Mexicana (PARM) son parte de una coalición con el PRI que respalda la candidatura de Echeverría. El primero de diciembre toma posesión como presidente.

El 27 de julio de 1970 mediante una reforma al Artículo 145 de la Constitución se suprime el delito de disolución social, el cual castigaba con años de cárcel y multas de miles de pesos a quien propagara programas o conductas incitando a rebeliones, sediciones, motines y desórdenes. Este delito fortaleció el control y sometimiento del gobierno hacia organizaciones democráticas y obreras, y se ejercía de igual manera en contra de intelectuales e ideólogos para reprimirlos y encarcelarlos. Demetrio Vallejo, Valentín Campa y Othón Salazar, líderes de los movimientos ferrocarrilero y magisterial respectivamente, el muralista David Alfaro Siqueiros, y el escritor y activista José Revueltas fueron encarcelados acusados de disolución social. La derogación de este delito había sido una de las demandas del pliego petitorio del Consejo Nacional de Huelga (CNH) durante el movimiento estudiantil de 1968. La creación de este delito data del sexenio del presidente Manuel Ávila Camacho (1940 a 1946). Vallejo y Campa son puestos en libertad el 29 de julio de ese año.

1971
Liberación de presos políticos; masacre estudiantil de Corpus Christi

El 13 de mayo de 1971 son puestos en libertad 23 presos políticos, entre ellos el escritor José Revueltas y el político Heberto Castillo, acusados en 1968 de sedición.

La Masacre de Corpus Christi, también conocida como "El Halconazo", fue una matanza de estudiantes que se manifestaban en contra del gobierno en la Ciudad de México el 10 de junio de 1971, día de Corpus Christi. La represión comienza durante una marcha rumbo al Monumento a la Revolución, la cual fue impedida por la policía y elementos antidisturbios (granaderos). Un grupo de choque entrenado por el Departamento del Distrito Federal, conocido como "Los Halcones", atacó a estudiantes con palos de bambú (kendo). Los Halcones después dispararon a los estudiantes con rifles de alto calibre, durante un tiroteo que duró varias horas. El número de muertos fue de cerca de 120 personas.

1972

*Muere líder guerrillero Genaro Vázquez Rojas; Partido
de los Pobres masacra a militares en Guerrero*

El 2 de febrero de 1972 en circunstancias misteriosas se reporta la muerte de Genaro Vázquez Rojas, maestro normalista convertido en guerrillero y líder de la Asociación Cívica Nacional Revolucionaria (ACNR). Según la versión del gobierno, Vázquez muere después de que el vehículo en el que viaja se estrella en la carretera México-Morelia. Versiones contrarias a la oficial apuntan a que el dirigente del movimiento guerrillero del estado de Guerrero fue eliminado por soldados mexicanos.

El 25 de junio de 1972, 11 militares del Ejército Mexicano mueren asesinados en una emboscada en la sierra del estado de Guerrero a manos del grupo guerrillero Partido de los Pobres. En el ataque también mueren dos guerrilleros. El fundador y dirigente del partido, el exmaestro Lucio Cabañas, afirma que la emboscada es para vengar el derramamiento de sangre provocado por el gobierno, y revela sus intenciones de derrocar al presidente Luis Echeverría Álvarez. Cabañas fue miembro de la guerrilla comandada por Genaro Vázquez Rojas.

1973

Surge la Liga Comunista 23 de Septiembre; asesinato
del empresario Eugenio Garza Sada

El 15 de marzo de 1973 se forma en Guadalajara, Jalisco, la Liga Comunista 23 de Septiembre, un frente que fusiona a varias organizaciones guerrilleras. La liga se constituye en un movimiento guerrillero urbano de ideología marxista-leninista para combatir al gobierno mexicano. La membresía de este grupo guerrillero consiste en su mayoría en jóvenes marginados y estudiantes universitarios surgidos en el contexto del movimiento estudiantil de 1968 y de la represión del gobierno contra ellos en 1971. La liga se disuelve en 1983.

El 17 de septiembre de 1973, es asesinado el empresario mexicano Eugenio Garza Sada después de que el auto en donde viaja es interceptado por miembros de la Liga Comunista 23 de Septiembre, según la versión oficial. El asesinato resulta tras un intento fallido de secuestro. El presidente Luis Echeverría es parte del cortejo fúnebre. En el libro *Nadie supo nada: La verdadera historia del asesinato de Eugenio Garza Sada* (2006, 2019), se presentan documentos que indican que el gobierno de Echeverría tenía conocimiento previo al intento de secuestro, pero no hizo nada para evitarlo. Otra versión apunta a que Garza Sada fue eliminado por personas allegadas a él debido a acuerdos entre el empresario y Echeverría.

1974

Guerrilla secuestra a candidato a gobernador de Guerrero; secuestro
del suegro del presidente Echeverría; ejército abate a Lucio Cabañas

El 30 de mayo de 1974, el candidato a la gubernatura de Guerrero por el Partido Revolucionario Institucional (PRI), Rubén Figueroa, es secuestrado por el Partido de los Pobres, grupo guerrillero dirigido por Lucio Cabañas. Es liberado el 8 de septiembre de ese año.

El 28 de agosto de 1974, José Guadalupe Zuno, suegro del presidente Luis Echeverría, es secuestrado en Guadalajara, Jalisco, por el Frente Revolucionario Antifascista y Patriota. Guadalupe Zuno es liberado 10 días después, el 7 de septiembre.

El 2 de diciembre de 1974, en un enfrentamiento con el ejército mexicano en El Otatal, Guerrero, el guerrillero Lucio Cabañas resulta muerto junto con varios de sus seguidores.

1975

Anuncian candidatura a presidencia de José López Portillo

El 22 de septiembre de 1975, el Partido Revolucionario Institucional (PRI) da a conocer que su candidato a la presidencia de México es el titular de la Secretaría de Hacienda y Crédito Público, José López Portillo.

1976

*José López Portillo elegido presidente; director de
diario Excélsior depuesto; devaluación del peso*

El 4 de julio de 1976 es elegido como presidente de México José López Portillo, candidato del Partido Revolucionario Institucional. Ningún partido de oposición registra a un candidato para la presidencia, por lo cual López Portillo es el único candidato en las elecciones de 1976 que se postuló a la presidencia.

El 8 de julio de 1976, un grupo de miembros de la Cooperativa del periódico *Excélsior* depone a su director, Julio Scherer García. Scherer y un grupo de periodistas que se solidariza con él acusan al gobierno del presidente Luis Echeverría de intromisión en asuntos de la cooperativa del periódico para forzar la salida de su director y abandonan las oficinas del diario. Encabezado por Scherer García, el grupo de periodistas funda el semanario *Proceso*, cuyo primer ejemplar se publica el 6 de noviembre de 1976, casi un mes antes del fin del sexenio de Echeverría (1970-1976). *Proceso* llega a consolidarse como una publicación de análisis sociopolítico e ideología izquierdista con un énfasis crítico hacia los gobiernos de derecha.

El presidente de México Luis Echeverría Álvarez decide devaluar el peso en respuesta al mal estado de la economía nacional. México no veía una devaluación de su moneda desde 1954. A Echeverría se le acusa de ser el causante de un gasto gubernamental irresponsable, lo que provoca un aumento de la inflación que lleva a la devaluación del peso de $12.50 pesos por dólar a $22.69 pesos por dólar a fines de 1976. Bajo el gobierno de Echeverría, la deuda externa de México se dispara de seis mil millones en 1970 a 20 mil millones en 1976.

1977

Inicia reforma política

El 6 de diciembre de 1977 inicia la Reforma Política anunciada por el presidente José López Portillo. La reforma se establece mediante un decreto que modifica 17 artículos de la Constitución, y abre el proceso de transición democrática en el país a un modelo de pluripartidismo a partir del sistema de partido hegemónico representado por el Partido Revolucionario Institucional.

1978

Descubrimiento de monolito Coyolxauhqui; auge petrolero en México

El 21 de febrero de 1978 el hallazgo arqueológico de una gran piedra labrada de la cultura mexica, identificada después como la deidad de la luna, Coyolxauhqui, prepara el terreno para la excavación masiva de las ruinas del Templo Mayor. El hallazgo es hecho a unos metros del Zócalo, en el Centro Histórico de la Ciudad de México.

El primero de septiembre de 1978, al presentar su segundo informe de gobierno, López Portillo declara que las reservas seguras de petróleo ascienden a 20 mil millones de barriles, las probables a 37 mil millones, y las potenciales a 200 mil millones. El presidente decide valerse de la exportación petrolera como base para la reactivación de la economía del país, afirmando que el petróleo se convertía en el "pivote del crecimiento de la economía mexicana". México estaba en camino de un gran auge petrolero.

1979

Explosión de pozo petrolero en Golfo de México

El 3 de junio de 1979, una explosión en el pozo petrolero Ixtoc I resulta en uno de los mayores derrames de petróleo de la historia. El pozo petrolero se ubicaba en la Bahía de Campeche en el Golfo de México.

1980

Autonomía y libertad de cátedra en universidades

El 9 de junio de 1980, se publica en el Diario Oficial la modificación del Artículo 3o. constitucional, cuya fracción VIII garantiza la autonomía y libertad de cátedra de las universidades y demás instituciones de educación superior.

1981

Frase de López Portillo acerca del peso mexicano;
Miguel de la Madrid candidato a la presidencia

El 17 de agosto de 1981, el presidente José López Portillo habla ante los medios de información sobre la caída del precio del petróleo, añadiendo que había personas "atentando" en contra de la economía. Aseguró que él iba a "defender el peso como un perro". No obstante, posteriormente viene la devaluación de la moneda mexicana.

El 11 de octubre de 1981, el Partido Revolucionario Institucional postula al Secretario de Programación y Presupuesto, Miguel de la Madrid Hurtado, como su candidato a la presidencia de México.

1982

Más devaluaciones del peso; Miguel de la Madrid elegido presidente

Al final del sexenio del presidente José López Portillo (1976-1982), la alta inflación y la deuda externa del país, así como la disminución de las reservas internacionales, obligan a una triple devaluación del peso. El primero de septiembre de 1982, durante su informe de gobierno, López Portillo anuncia la nacionalización del sistema bancario privado de México. Al final del sexenio de López Portillo, el peso alcanzaría $150.29 pesos por dólar.

El 4 de julio de 1982, es elegido como presidente de México el candidato del Partido Revolucionario Institucional Miguel de la Madrid Hurtado.

1983

Victorias electorales del Partido Acción Nacional; se forma el EZLN

Tras los gobiernos de los presidentes Luis Echeverría Álvarez y José López Portillo, ambos miembros del Partido Revolucionario Institucional (PRI), el Partido Acción Nacional (PAN), el principal partido opositor, logra importantes victorias en las elecciones legislativas municipales y estatales de julio.

El 17 de noviembre de 1983, se forma el Ejército Zapatista de Liberación Nacional (EZLN) en el estado de Chiapas.

1984

Asesinato del periodista Manuel Buendía; explosiones
en planta de PEMEX en San Juan Ixhuatepec

El 30 de mayo de 1984, asesinan al periodista mexicano Manuel Buendía en la Ciudad de México mientras caminaba en la calle. El influyente columnista del diario *Excélsior* recibe varios disparos en la espalda. En 1989, varios miembros de la Dirección Federal de Seguridad (DFS), son arrestados por su participación en el asesinato de Buendía. El caso se cierra, pero varios periodistas dudan de los resultados de la investigación y creen que los autores intelectuales del asesinato de Buendía nunca fueron arrestados.

El 29 de junio de 1984, Arturo Durazo Moreno, director de la policía de la Ciudad de México durante el sexenio de José López Portillo, es detenido en San Juan, Puerto Rico. Durazo Moreno era buscado para responder por delitos de fraude, contrabando, acopio de armas y abuso de autoridad.

El 19 de noviembre de 1984, se produce una serie masiva de explosiones en una de las plantas de almacenamiento y distribución de Petróleos Mexicanos (PEMEX). El siniestro se suscita en la ciudad de San Juan Ixhuatepec, Estado de México, en las afueras de la Ciudad de México. El desastre se inicia por una fuga de gas, probablemente causada por una ruptura de la tubería durante operaciones de transferencia. Las explosiones devastan a San Juan Ixhuatepec, y dejan un saldo de 500 a 600 muertos y siete mil heridos de gravedad.

1985

Asesinato del agente de la DEA Enrique Camarena Salazar; terremoto y surgimiento del concepto de sociedad civil

El 5 de marzo de 1985, el cuerpo del agente encubierto de la DEA Enrique Camarena Salazar es encontrado en una zona rural en el estado de Michoacán. Camarena había sido secuestrado a plena luz del día el 7 de febrero bajo órdenes del narcotraficante Miguel Ángel Félix Gallardo, líder del Cártel de Guadalajara. El agente mexicoamericano había sido asignado a México en 1981 para detectar y denunciar actividades de narcotraficantes mexicanos. Se cree que Camarena fue muerto el 9 de febrero después de sufrir actos de tortura en represalia por su trabajo. Años después se supo que la CIA estuvo implicada.

El 4 de abril de 1985, el narcotraficante Rafael Caro Quintero es arrestado en Costa Rica, de donde es extraditado a México acusado de participación en el asesinato del agente de la DEA Enrique Camarena Salazar y de otros delitos.

La mañana del 19 de septiembre de 1985 se suscita en la Ciudad de México un terremoto de 8.1 en la escala sismológica de magnitud de momento. El fenómeno natural causa graves daños en el área de la Ciudad de México y la muerte de miles de personas. El epicentro del terremoto se localiza en el océano Pacífico, cerca de la desembocadura del río Balsas, en la costa del estado de Michoacán. Tras el sismo se registran varias réplicas, siendo la más fuerte en intensidad la del día siguiente, el 20 de septiembre, con magnitud de 7.5. Los efectos de los daños causados por el terremoto en la sociedad mexicana y la falla del gobierno en responder a la situación de los habitantes en las zonas más afectadas, provoca que los mismos pobladores se involucren espontáneamente en las labores de rescate y tareas de limpieza, dando lugar al surgimiento de varias organizaciones civiles urbanas. Este fenómeno social llega a llamarse el "despertar de la sociedad civil".

1986
Extradición de Arturo Durazo a México

El primero de abril de 1986, Estados Unidos extradita a México a Arturo Durazo Moreno, donde es juzgado y encarcelado por múltiples cargos de corrupción, extorsión y drogas. Se le sentencia a 16 años de prisión.

1987
Carlos Salinas de Gortari candidato del PRI a la presidencia; nueva devaluación del peso

El 4 de octubre de 1987, el titular de la Secretaría de Planeación y Presupuesto, Carlos Salinas de Gortari, es seleccionado como candidato del Partido Revolucionario Institucional (PRI) a la presidencia de México.

Hacia el final del sexenio de Miguel de la Madrid Hurtado (1982-1988), el gobierno impone medidas drásticas de austeridad económica, las cuales incluyen una mayor devaluación del peso frente al dólar. Esto ocurre tras el desplome de la Bolsa de México en octubre. Al final del sexenio de la Madrid, un dólar equivalía a $2,289.58 pesos.

1988

Candidato del PRI declarado ganador de la presidencia; oposición denuncia fraude electoral en elecciones presidenciales

Un miembro de una nueva generación de políticos mexicanos es elegido como presidente de México cuando el candidato del PRI, Carlos Salinas de Gortari, es declarado ganador de las elecciones de 1988. Salinas, un tecnócrata educado en la Universidad de Harvard, en Estados Unidos, propone amplias reformas en los planos políticos y económicos. Salinas obtiene el 50.4 por ciento de los votos, cifra que representa el nivel más bajo para un candidato del PRI.

Los candidatos presidenciales opositores al partido oficial Cuauhtémoc Cárdenas, candidato de una coalición de pequeños partidos de izquierda llamada Frente Democrático Nacional; Manuel Clouthier, del Partido Acción Nacional (PAN); y, Rosario Ibarra de Piedra, del Partido Revolucionario de los Trabajadores (PRT), denuncian un fraude electoral. El Congreso refutaría más tarde, en septiembre, dichas acusaciones. Años más tarde, en 2004, el expresidente Miguel de la Madrid Hurtado admite en su autobiografía titulada *Cambio de rumbo, Testimonio de una Presidencia, 1982-1988*, que las elecciones presidenciales en efecto fueron manipuladas de tal manera que el PRI resultara ganador. Tres años después de las elecciones, en un acuerdo entre el PRI y el PAN, todas las boletas electorales son quemadas, destruyendo así toda la evidencia del fraude.

ACERCA DEL AUTOR

EDUARDO BARRAZA ES UN PERIODISTA MEXICANO QUE UTILIZA LA escritura, la fotografía y el video para producir material periodístico sobre temas sociales. Es autor de los libros *Los zapatos del inmigrante y otros escritos*, *Day of the Dead*, *Sophia Remembers*, y *El Halconazo, La masacre de estudiantes en México de 1971*. Es editor de la revista digital *Barriozona*, y fundador y director del Instituto Hispano de Asuntos Sociales, con sede en Arizona.

Enlaces

www.barriozona.com
www.hisi.org
Twitter: @infusethenews